**Ordnance Survey**

Cannock Lichfield Rugeley

STREET ATLAS

Contents

 **II** Key to map symbols
 III Key to map pages
 IV Route planning
 1 Street maps
 26 Index of hospitals, railway stations, schools, shopping centres, street names and universities

PHILIP'S

First edition published 1998 by
Ordnance Survey®
Romsey Road, Maybush,
Southampton SO16 4GU
and
George Philip Ltd
an imprint of Reed Consumer Books Ltd
Michelin House, 81 Fulham Road, London
SW3 6RB and Auckland, Melbourne
ISBN 0-540-07625-2

© Crown copyright 1998
© George Philip Ltd 1998

All rights reserved. No part of this publication may be reproduced, stored in a retrieval system or transmitted, in any form or by any means, electronic, mechanical, photocopying, recording or otherwise, without the permission of the Publishers and the copyright owner.

To the best of the Publishers' knowledge, the information in this atlas was correct at the time of going to press. No responsibility can be accepted for any errors or their consequences.

The representation in this atlas of a road, track or path is no evidence of the existence of a right of way.

The mapping between pages 1 and 21 in this atlas is derived from Ordnance Survey® Large Scale and Landranger® mapping and revised using Ordnance Survey® Land-line® data.

Ordnance Survey, Land-Line and Landranger are registered trade marks of Ordnance Survey, the national mapping agency of Great Britain.

Printed and bound in Spain by Cayfosa

Key to map symbols

Symbol	Description
22a	Motorway (with junction number)
	Primary route (dual carriageway and single)
	A road (dual carriageway and single)
	B road (dual carriageway and single)
	Minor road (dual carriageway and single)
	Other minor road
	Road under construction
	Pedestrianised area
	County and Unitary Authority boundaries
	Railway
	Tramway, miniature railway
	Rural track, private road or narrow road in urban area
	Gate or obstruction to traffic (restrictions may not apply at all times or to all vehicles)
	Path, bridleway, byway open to all traffic, road used as a public path

The representation in this atlas of a road, track or path is no evidence of the existence of a right of way

23 / **12** Adjoining page indicators

Abbr	Full	Abbr	Full
Acad	Academy	Mon	Monument
Cemy	Cemetery	Mus	Museum
C Ctr	Civic Centre	Obsy	Observatory
CH	Club House	Pal	Royal Palace
Coll	College	PH	Public House
Ent	Enterprise	Recn Gd	Recreation Ground
Ex H	Exhibition Hall	Resr	Reservoir
Ind Est	Industrial Estate	Ret Pk	Retail Park
Inst	Institute	Sch	School
Ct	Law Court	Sh Ctr	Shopping Centre
L Ctr	Leisure Centre	Sta	Station
LC	Level Crossing	TH	Town Hall/House
Liby	Library	Trad Est	Trading Estate
Mkt	Market	Univ	University
Meml	Memorial	YH	Youth Hostel

Symbol	Description
	British Rail station
M	Metrolink station
	Underground station
D	Docklands Light Railway station
M	Tyne and Wear Metro
	Private railway station
	Bus, coach station
♦	Ambulance station
♦	Coastguard station
♦	Fire station
♦	Police station
+	Accident and Emergency entrance to hospital
H	Hospital
+	Church, place of worship
i	Information centre (open all year)
P P&R	Parking, Park and Ride
PO	Post Office
Prim Sch	Important buildings, schools, colleges, universities and hospitals
River Medway	Water name
	Stream
	River or canal (minor and major)
	Water
	Tidal water
	Woods
	Houses
House	Non-Roman antiquity
VILLA	Roman antiquity

■ The dark grey border on the inside edge of some pages indicates that the mapping does not continue onto the adjacent page

■ The small numbers around the edges of the maps identify the 1 kilometre National Grid lines

The scale of the maps is 6.13 cm to 1 km (3⁷⁄₈ inches to 1 mile)

0 — ¼ — ½ — ¾ — 1 mile
0 — 250 m — 500 m — 750 m — 1 kilometre

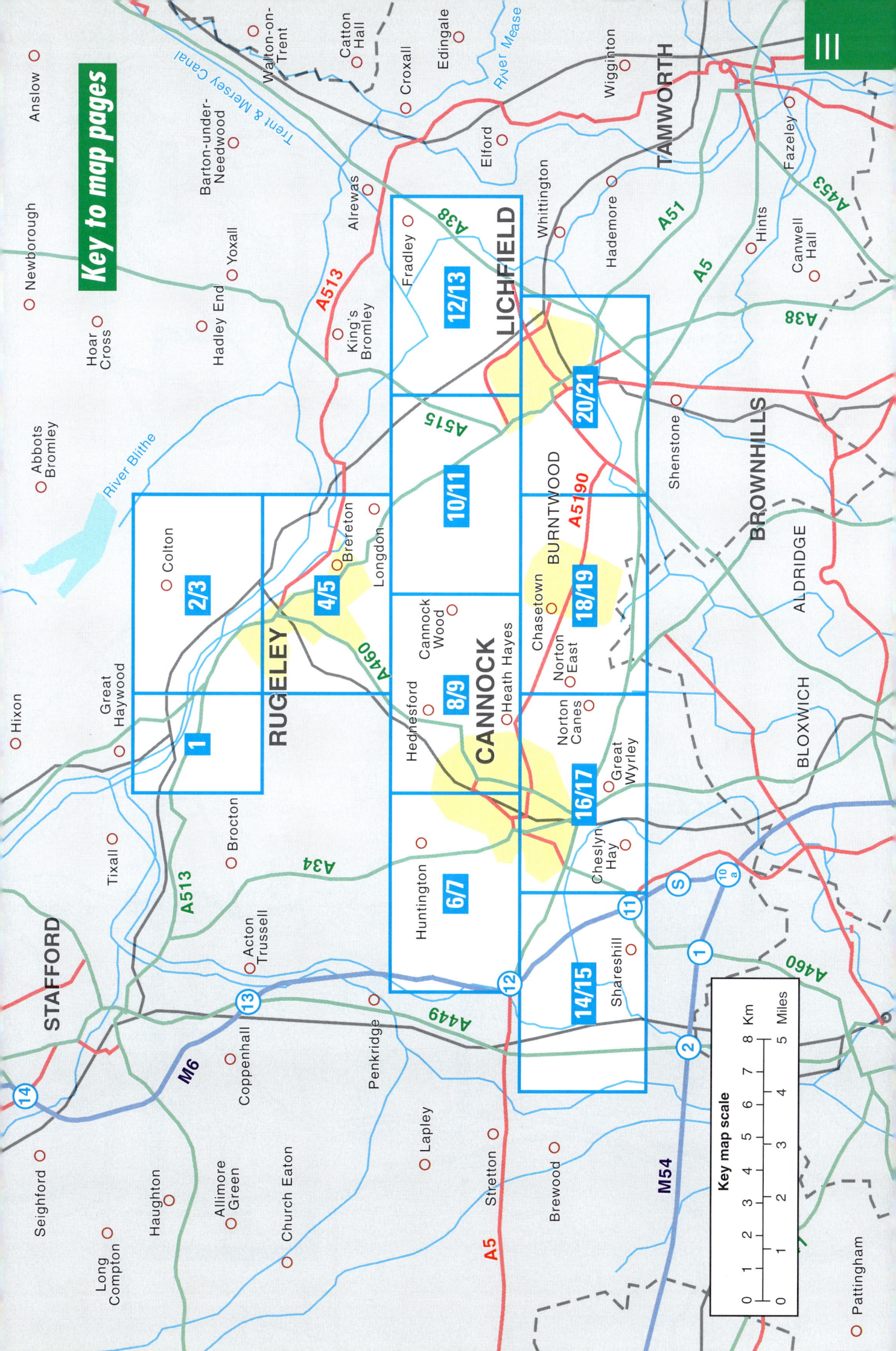

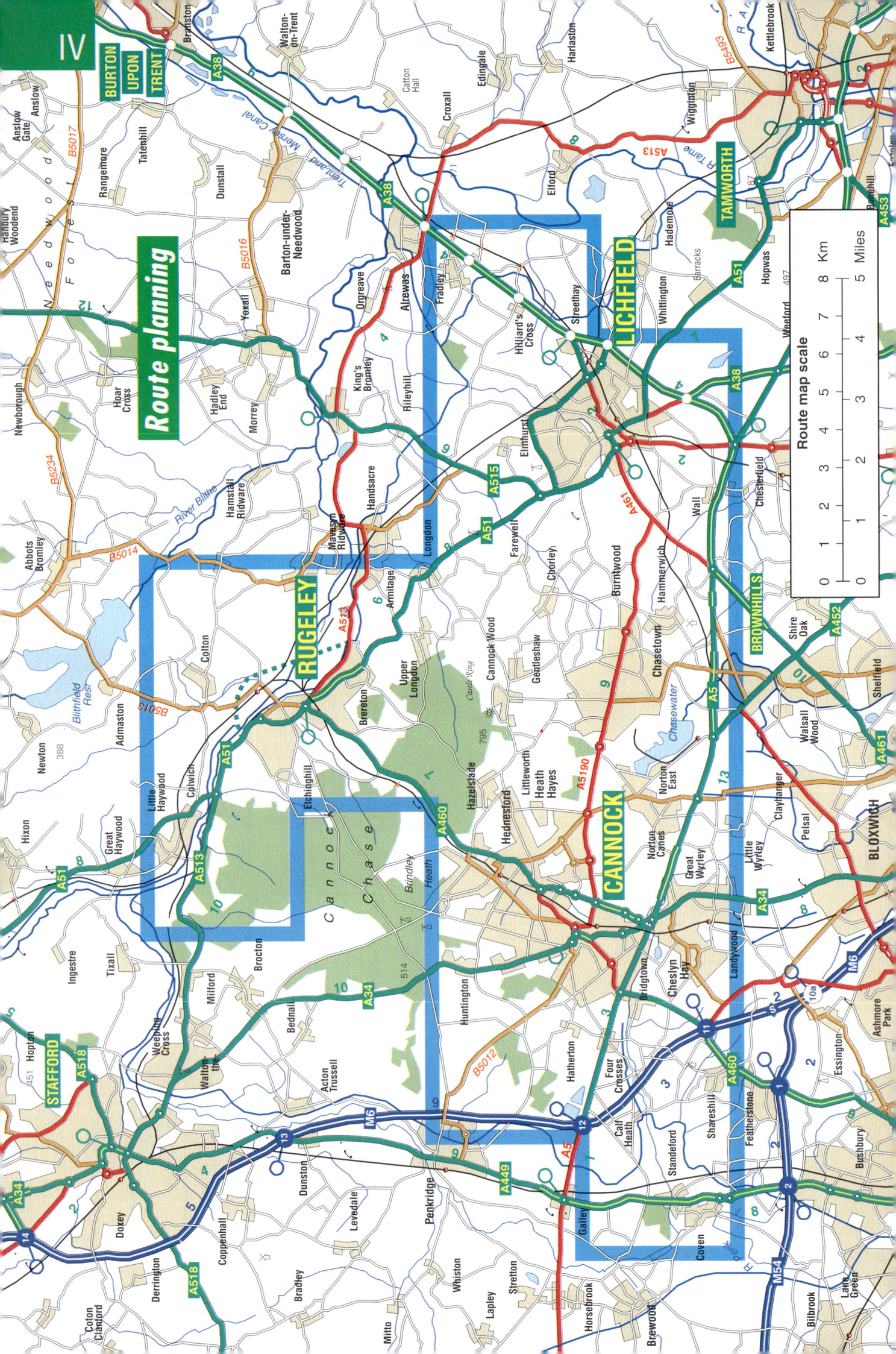

1

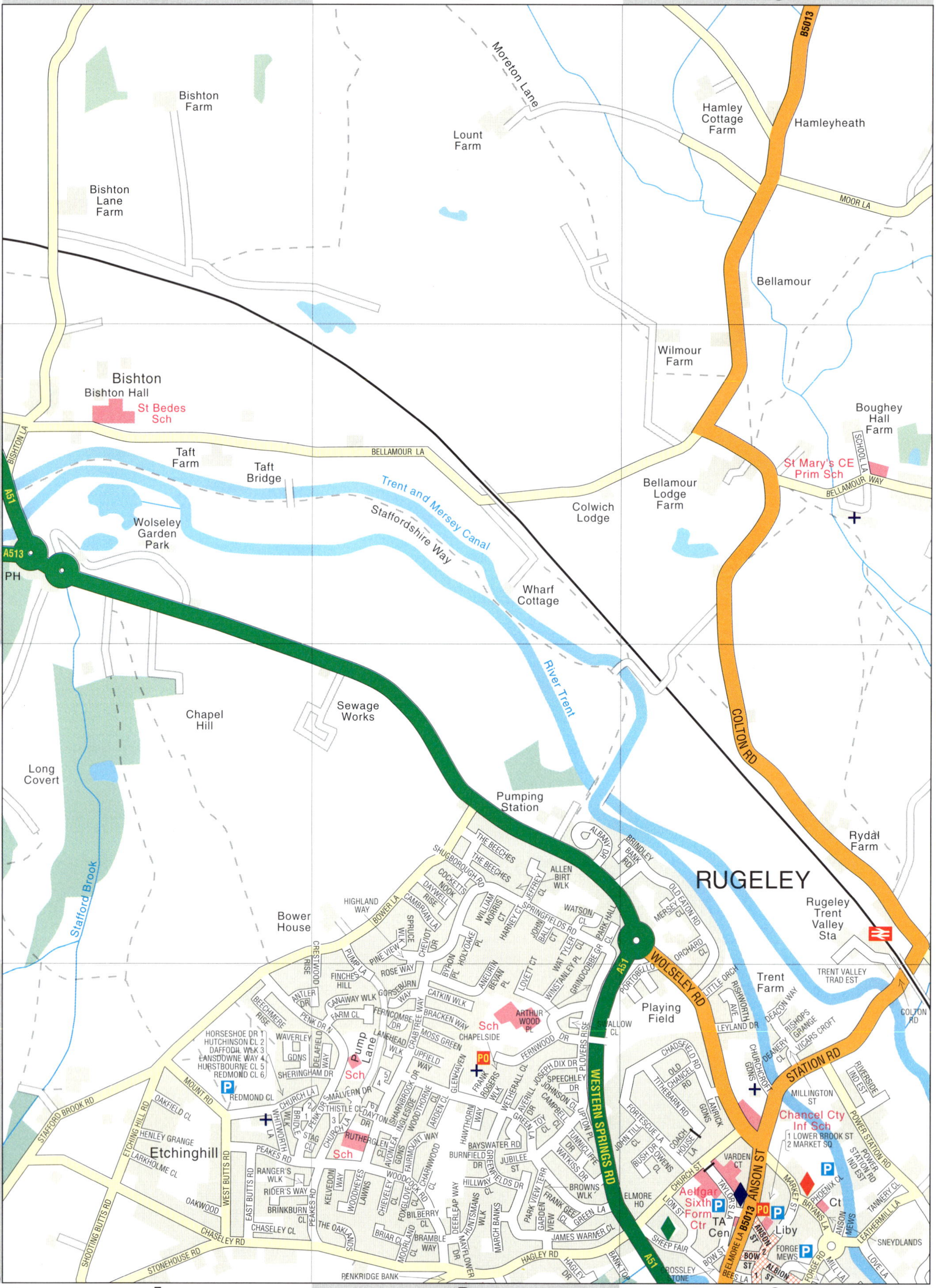
A
B
C
4
21
3
20
2
19
1
18
02
03
04
Bishton Farm
Bishton Lane Farm
Lount Farm
Moreton Lane
Hamley Cottage Farm
Hamleyheath
B5013
MOOR LA
Bellamour
Wilmour Farm
Bishton
Bishton Hall
St Bedes Sch
BISHTON LA
Taft Farm
Taft Bridge
BELLAMOUR LA
Trent and Mersey Canal
Staffordshire Way
Boughey Hall Farm
SCHOOL LA
St Mary's CE Prim Sch
BELLAMOUR WAY
Bellamour Lodge Farm
Colwich Lodge
A51
A513
PH
Wolseley Garden Park
Wharf Cottage
River Trent
Sewage Works
Chapel Hill
Long Covert
Stafford Brook
COLTON RD
Pumping Station
Rydal Farm
RUGELEY
Rugeley Trent Valley Sta
TRENT VALLEY TRAD EST
COLTON RD
Bower House
HIGHLAND WAY
BOWER LA
CRESTWOOD RISE
Trent Farm
Playing Field
WOLSELEY RD
WESTERN SPRINGS RD
STATION RD
Pump Lane
Sch
ARTHUR WOOD PL
CHAPELSIDE
PO
Etchinghill
STAFFORD BROOK RD
MOUNT RD
ETCHING HILL RD
WEST BUTTS RD
EAST BUTTS RD
SHOOTING BUTTS RD
STONEHOUSE RD
CHASELEY RD
OAKWOOD
HORSESHOE DR 1
HUTCHINSON CL 2
DAFFODIL WLK 3
LANSDOWNE WAY 4
HURSTBOURNE CL 5
REDMOND CL 6
REDMOND CL
Aelfgar Sixth Form Ctr
TA Cen
Liby
Chancel Cty Inf Sch
1 LOWER BROOK ST
2 MARKET SQ
ANSON ST
ELMORE LA
ELMORE HO
SHEEP FAIR
CHURCH ST
MILLINGTON ST
POWER STATION RD
RIVERSIDE IND EST
POWER STATION IND EST
TANNERY CL
LEATHERMILL LA
SNEYDLANDS
LOVE LA
ANSON MEWS
FORGE MEWS
FORGE RD
MILL LA
HAGLEY RD
JAMES WARNER CL
PENKRIDGE BANK
BRAMBLE WAY
MAYFLOWER DR
DEERLEAP WAY
MARCH BANKS
BAYSWATER RD
JUBILEE ST
HILLWAY CL
BURNFIELD DR
THE OAKLANDS
CHASELEY CL
BRINKBURN CL
RIDER'S WAY
RANGER'S WALK
PEAKES RD
KELVEDON WAY
WOODHEYES LAWNS
RUTHERGLEN CL
Sch
THE BEECHES
SHUGBOROUGH RD
ALLEN BIRT WLK
WATSON CL
PARK HALL CL
MERSEY CL
OLD EATON RD
ORCHARD CL
LITTLE ORCH
RISHWORTH AVE
LEYLAND DR
DEACON WAY
BISHOPS GRANGE
VICARS CROFT
DEANERY CL
CHURCHCROFT GDNS
CHADSFIELD RD
OLD CHANCEL RD
TITHEBARN RD
FORTESCUE LA
LANRICK GDNS
COACH HOUSE LA
BUSH DR
OWENS CL
JOHN TILL CL
LION ST
TAYLORS LA
VARDEN CT
BOW ST
ALBION ST
MARKET ST
BRYANS LA
PHOENIX CL
Ct
BROWNS WLK
FRANK GEE GREEN LA
UPTON PL
PLOVERS RISE
SWALLOW CL
FERNWOOD DR
PORTOBELLO
ALBANY DR
BRINDLEY BANK RD
SPEECHLEY DR
JOHNSON CL
CAMPBELL CL
WETHERALL CL
GLENHAVEN
UPFIELD WAY
MOSS GREEN
BRACKEN WAY
CATKIN WLK
FERNCOMBE DR
LANEHEAD WLK
FARM CL
CANAWAY WLK
GORSEBURN WAY
ROSE WAY
FINCHES HILL
ANTLER DR
PENK DR N
BEECHMERE RISE
WAVERLEY GDNS
DELAFIELD WAY
SHERINGHAM DR
MALVERN DR
THISTLE CL
DAYTON DR
CHURCH LA
WHITWORTH LA
BRIDLE WLK
STAG CL
PINE VIEW
SPRUCE WLK
CHEVIOT DR
CAMBRIAN LA
DAYWELL RISE
COCKETTS NOOK
WILLIAM MORRIS CT
HOLYOAKE PL
BYRON PL
ANEURIN BEVAN PL
HARNEY CT
JEFFREY CL
SPRINGFIELDS RD
JOHN BALL CT
WAT TYLER CL
WINSTANLEY PL
GRINDCOBBE GR
LOVETT CT
FRANK ROGERS WLK
HAWTHORN WAY
WOODTHORNE CL
ARDEN CL
CHARNWOOD CL
FAIRMOUNT WAY
WOODCOCK RD
BILBERRY CL
BRIAR CL
MOORLAND CL
HUNTSMANS WLK
GREENFIELDS DR
PARK VIEW TERR
GARDEN VIEW
HAGLEY DR
BANK TOP
CROSSLEY STONE
BEES LA
OAKFIELD CL
HENLEY GRANGE
LARKHOLME CL

1
4

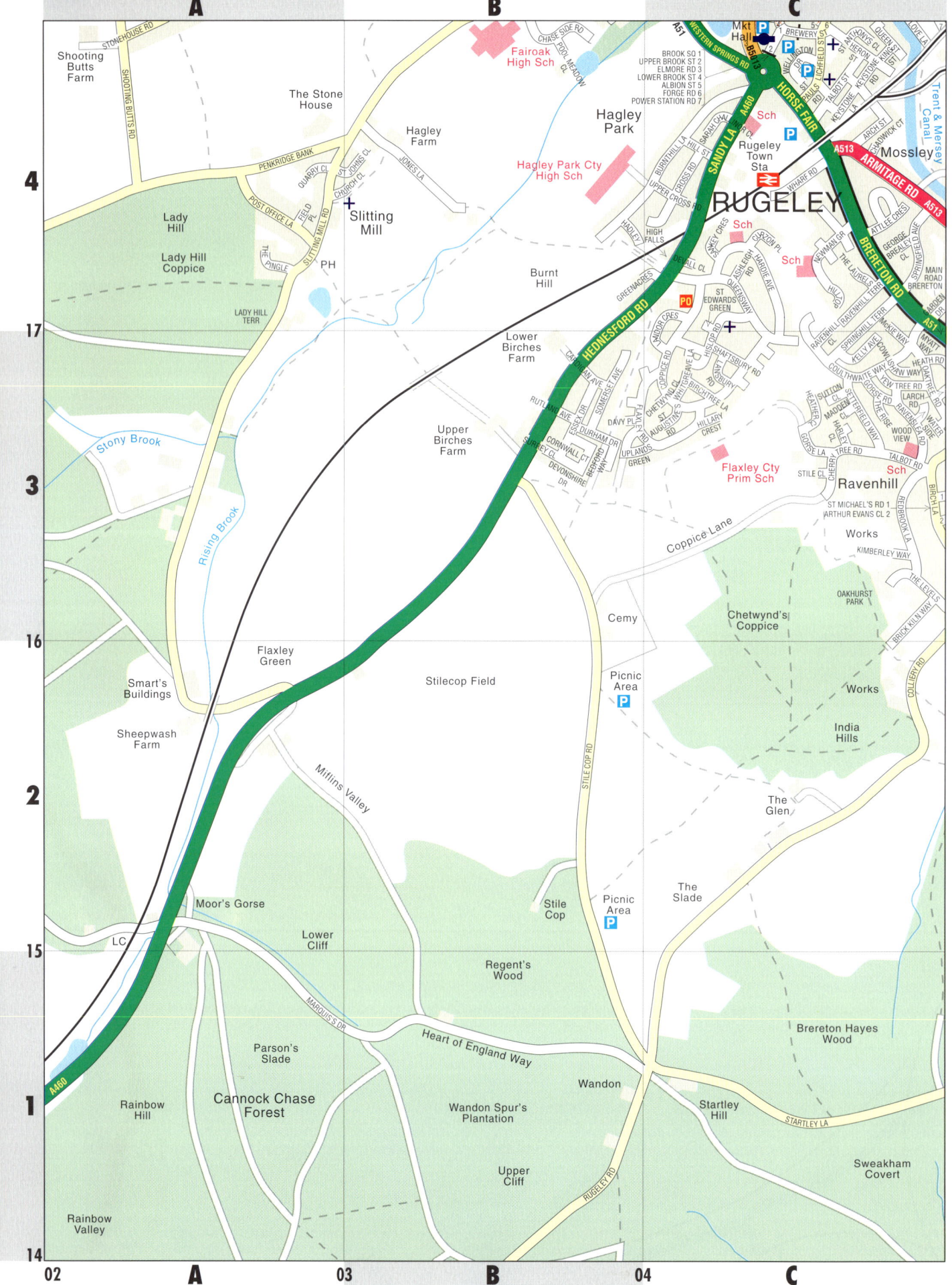

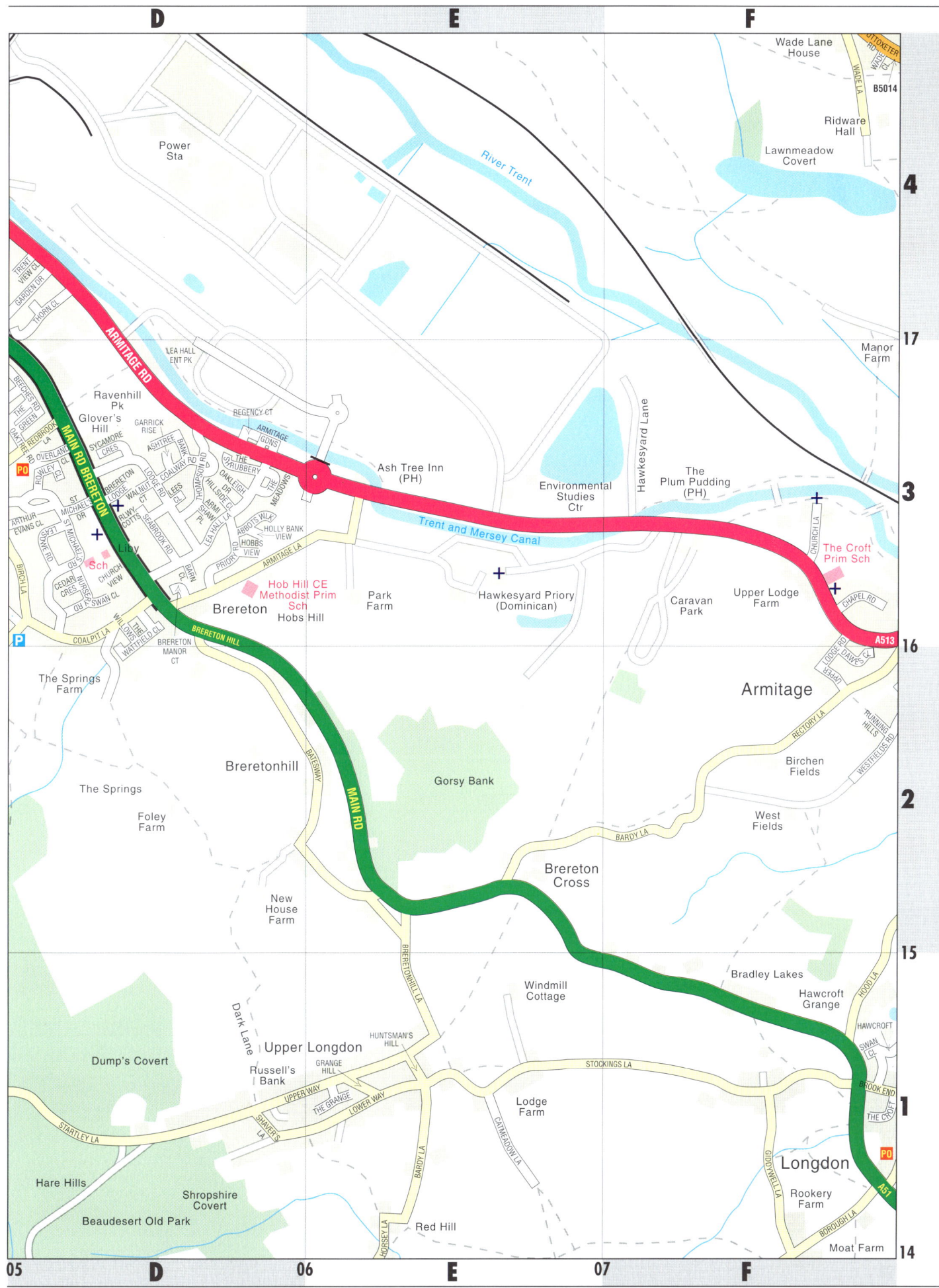

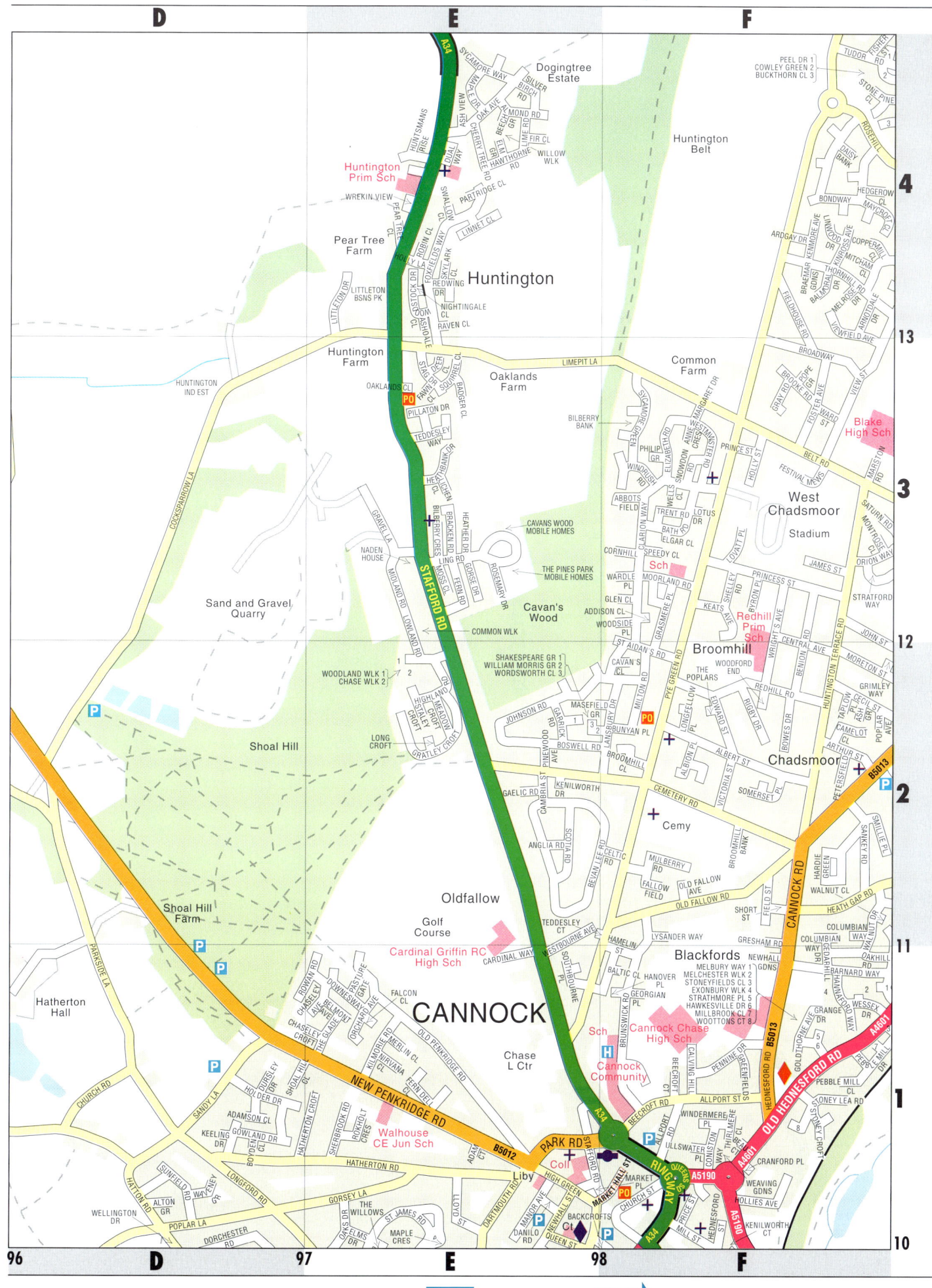

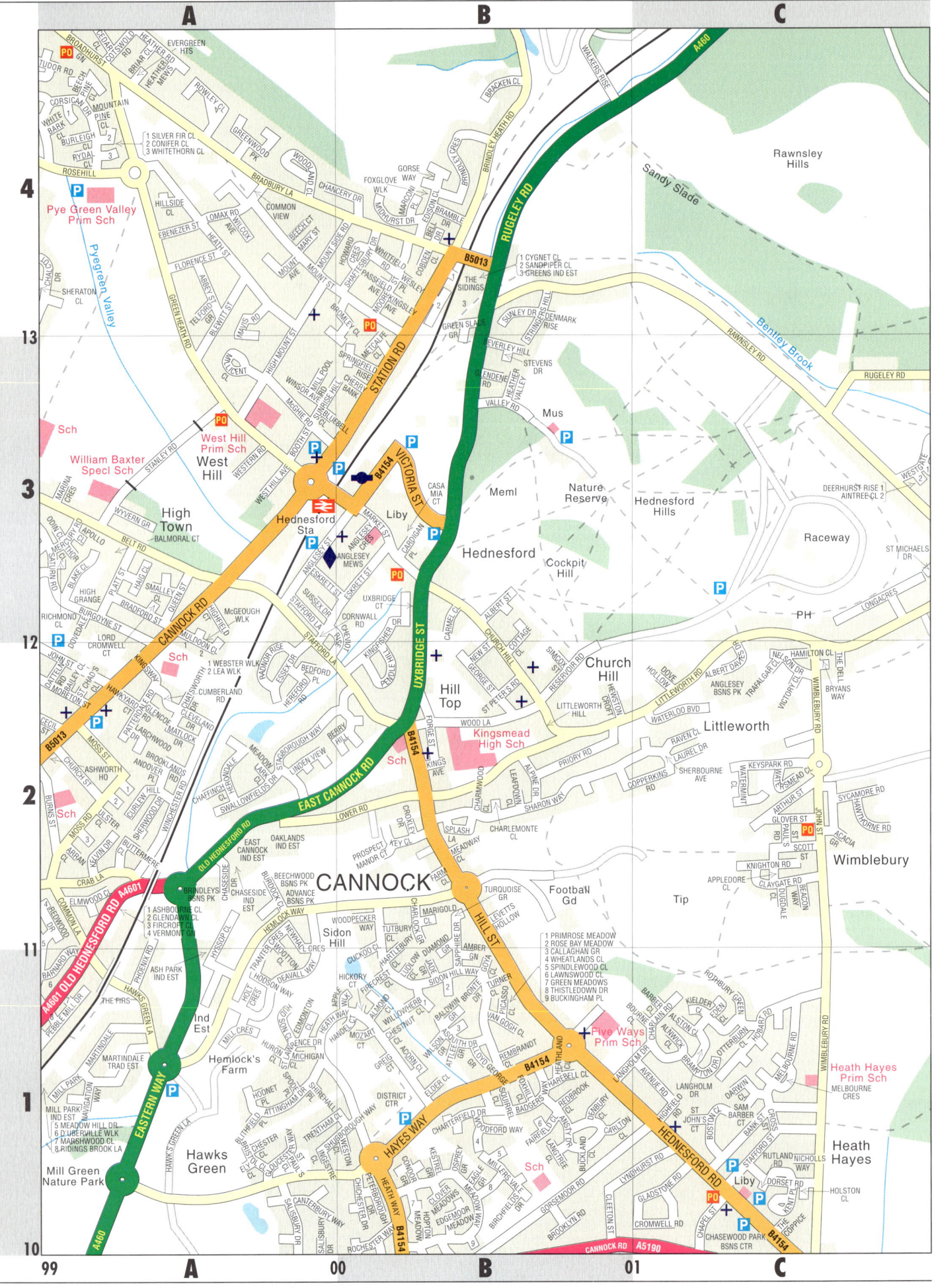

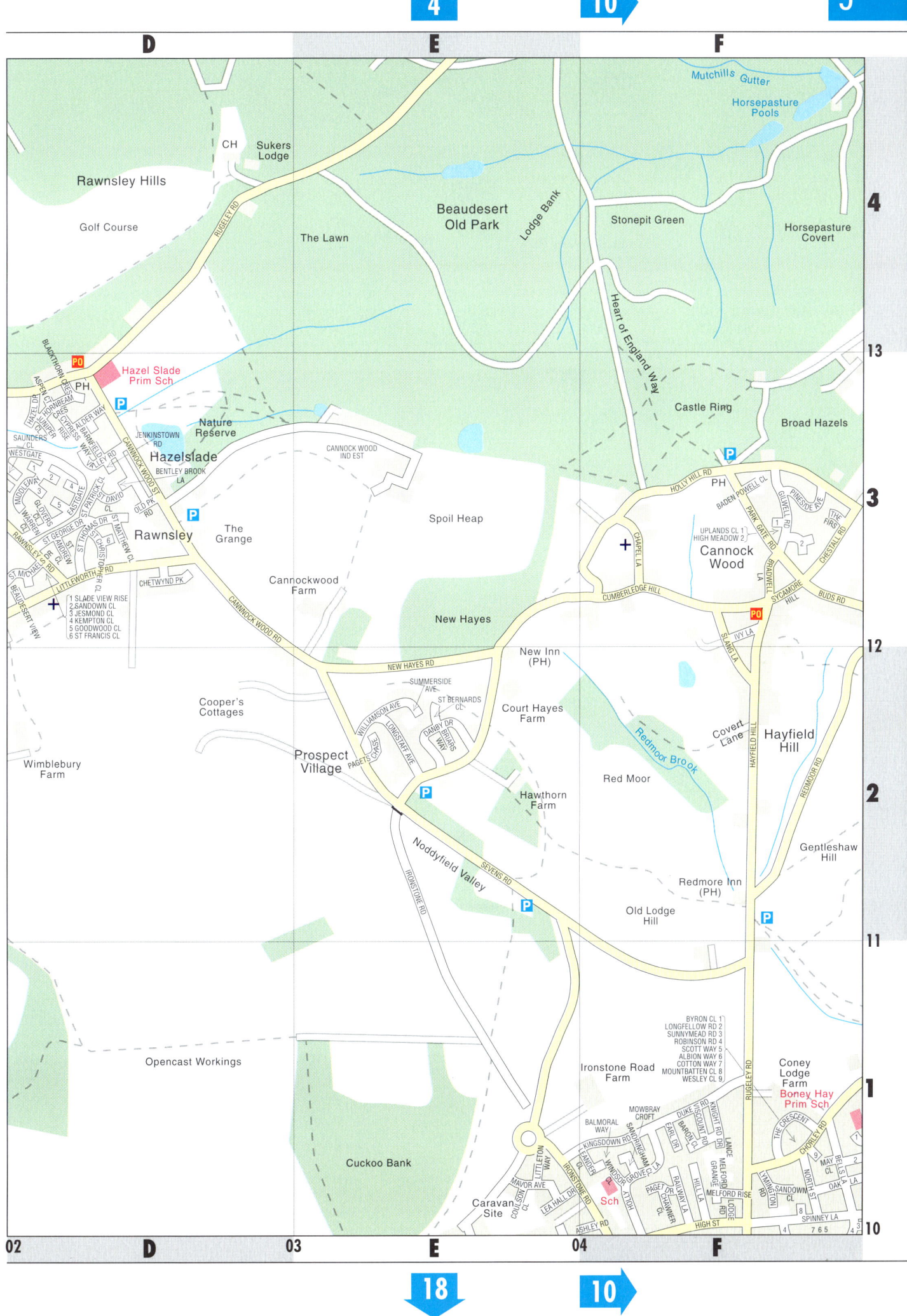

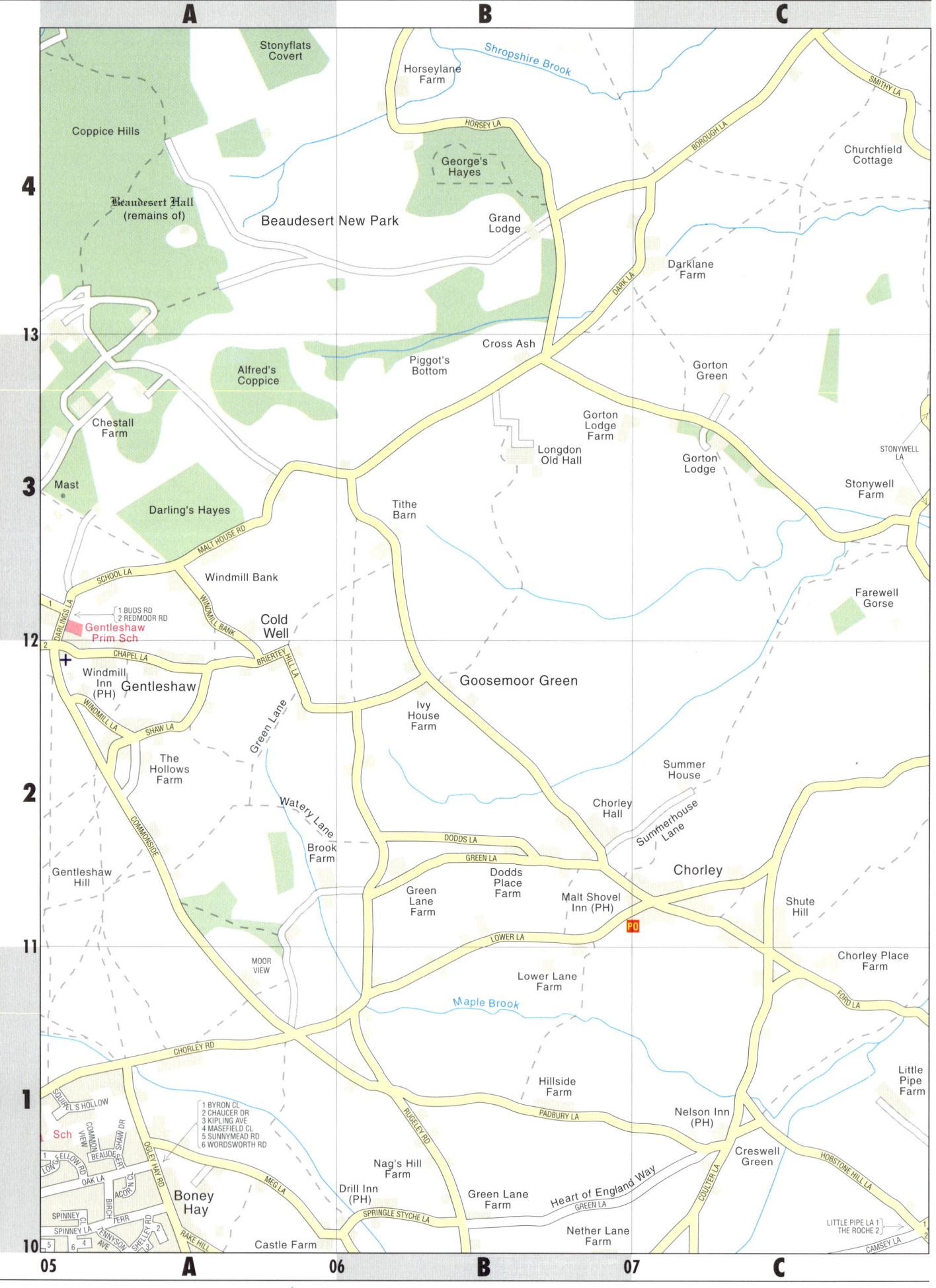

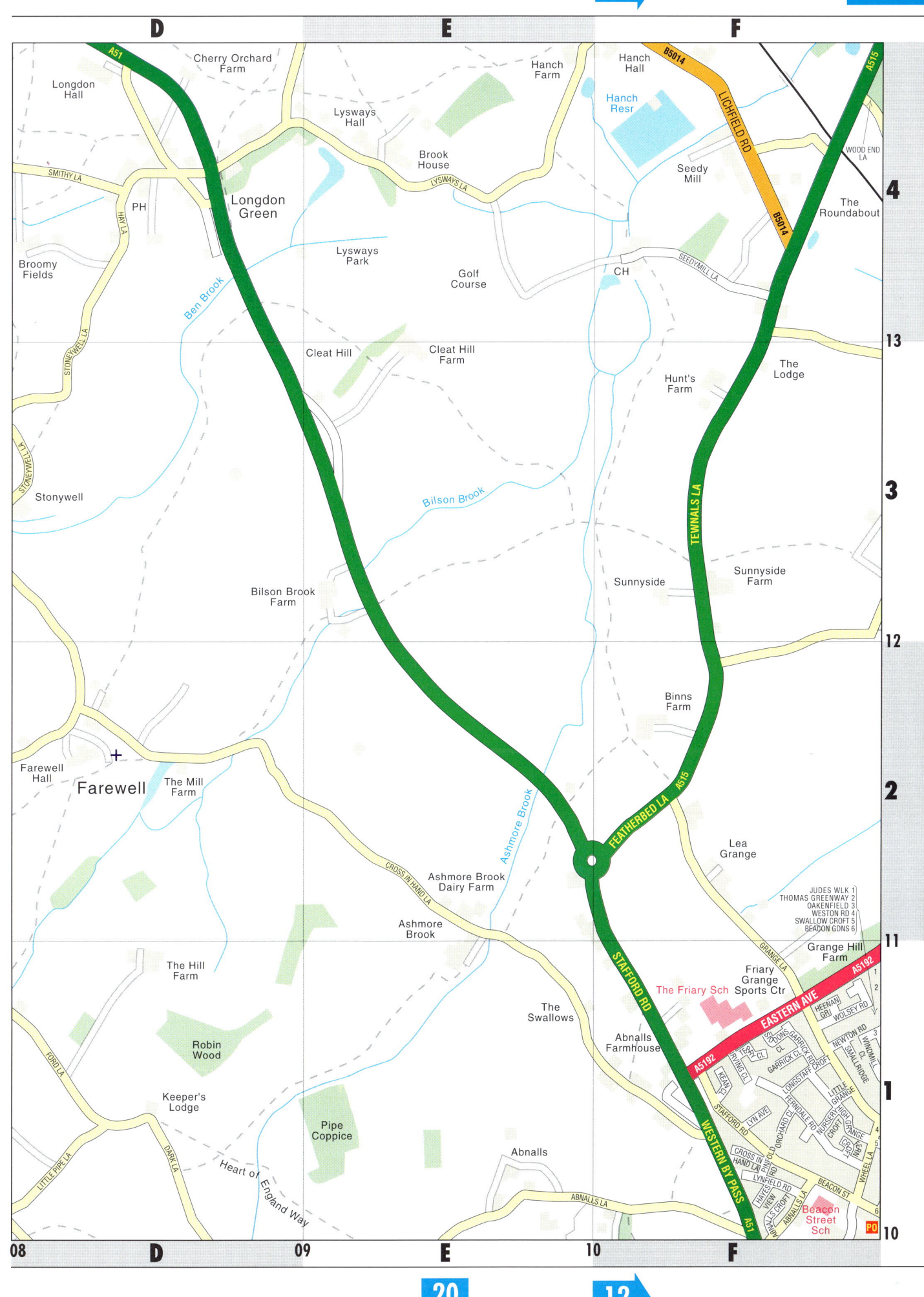

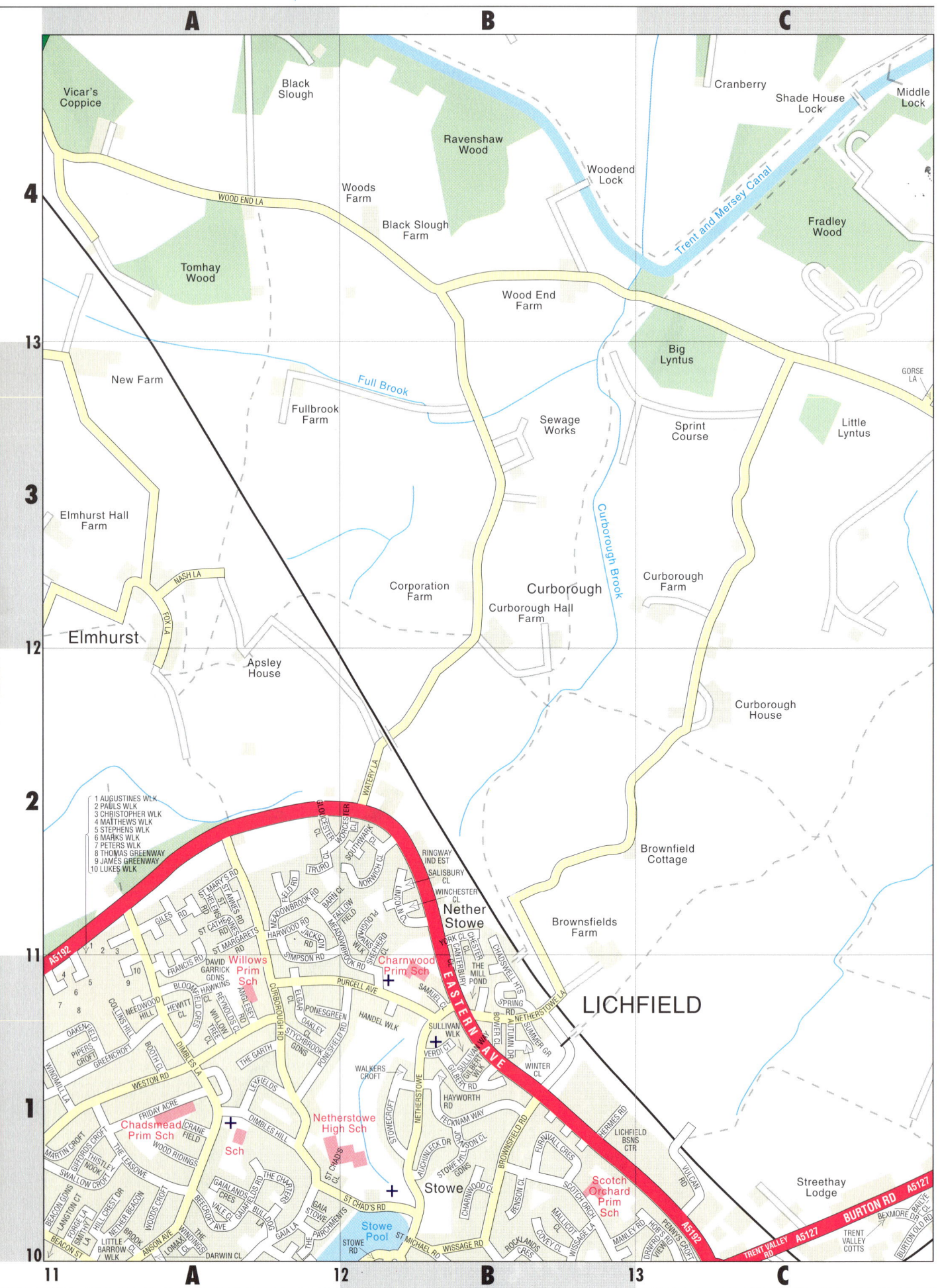

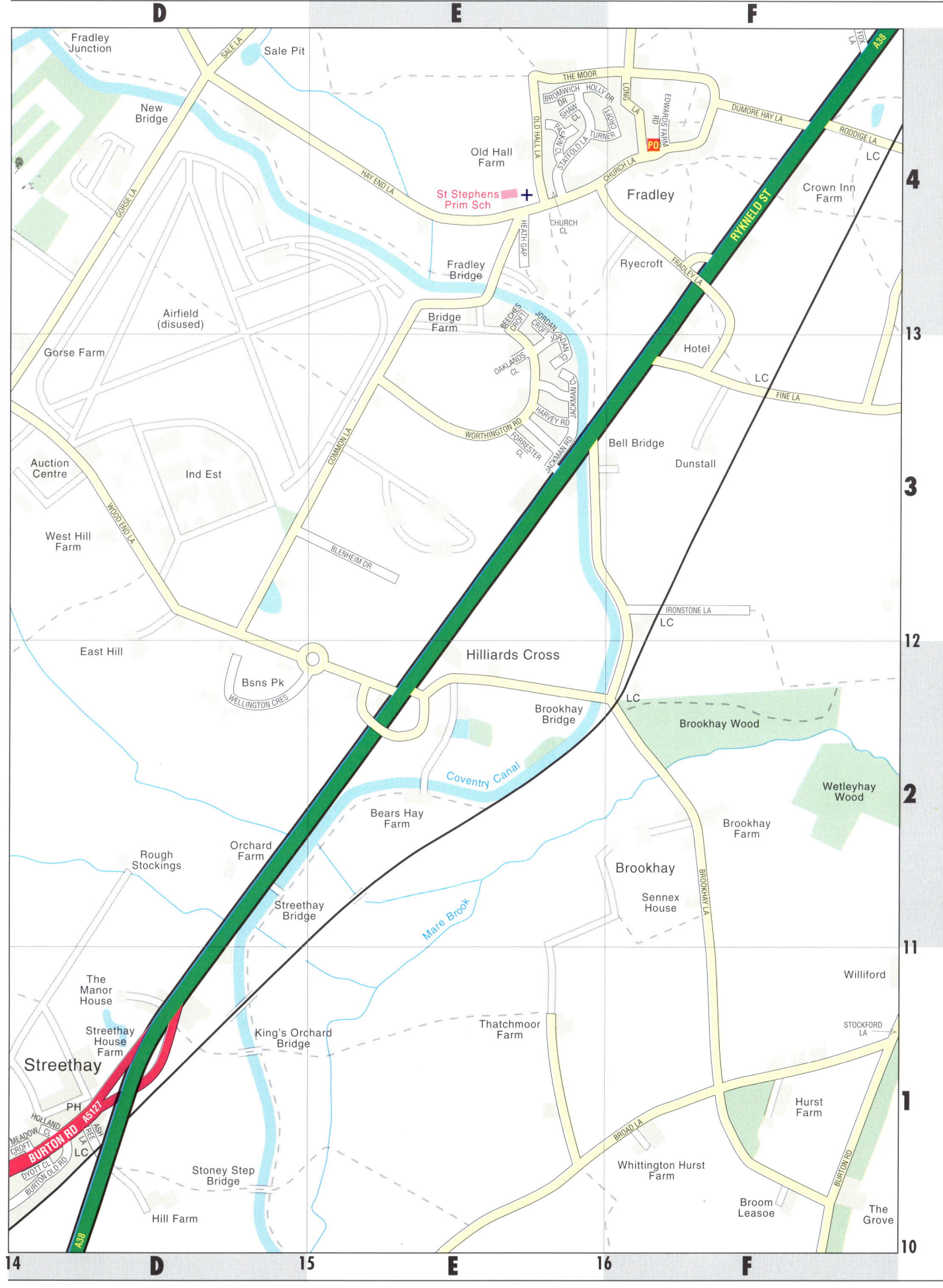

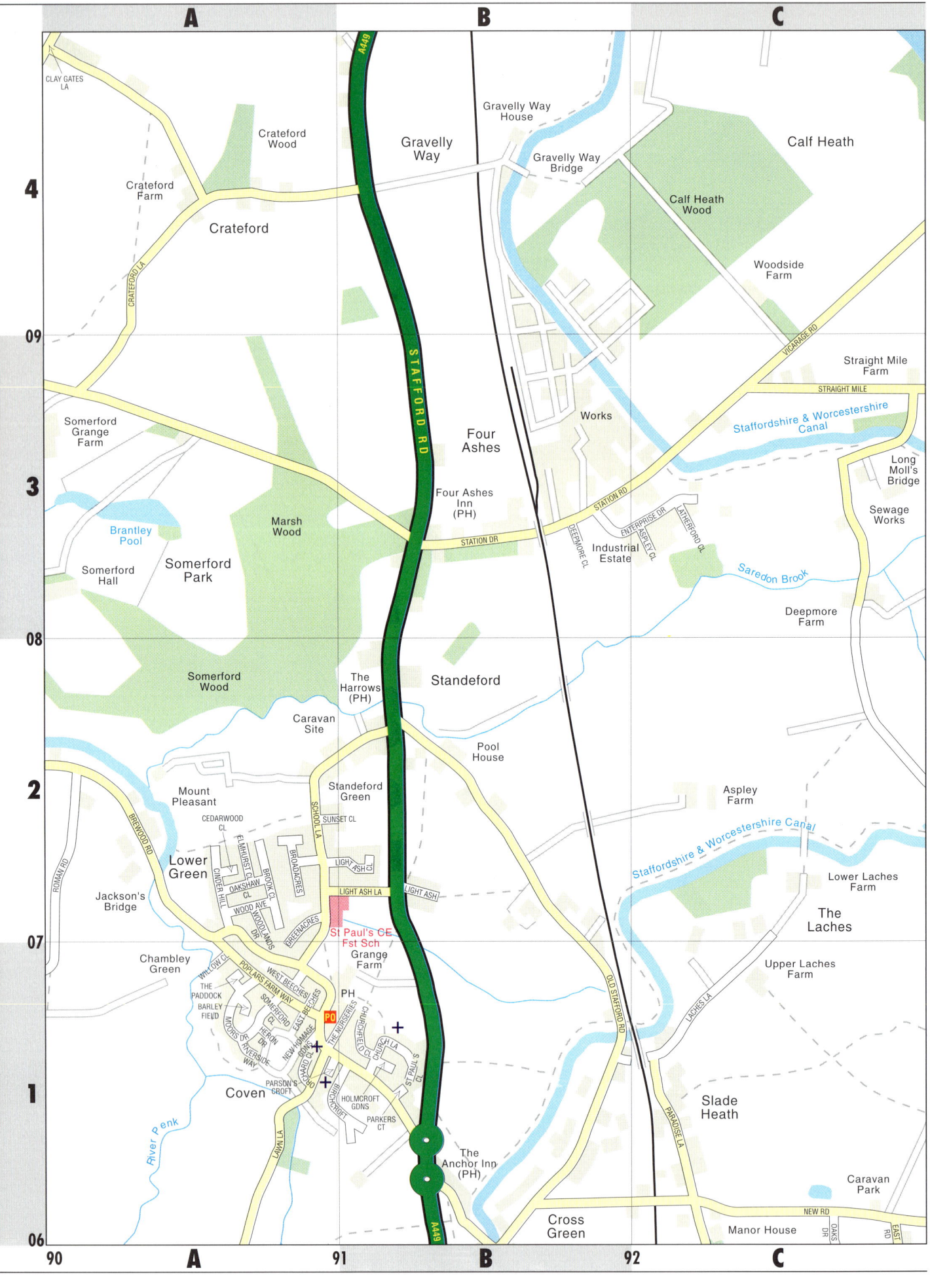

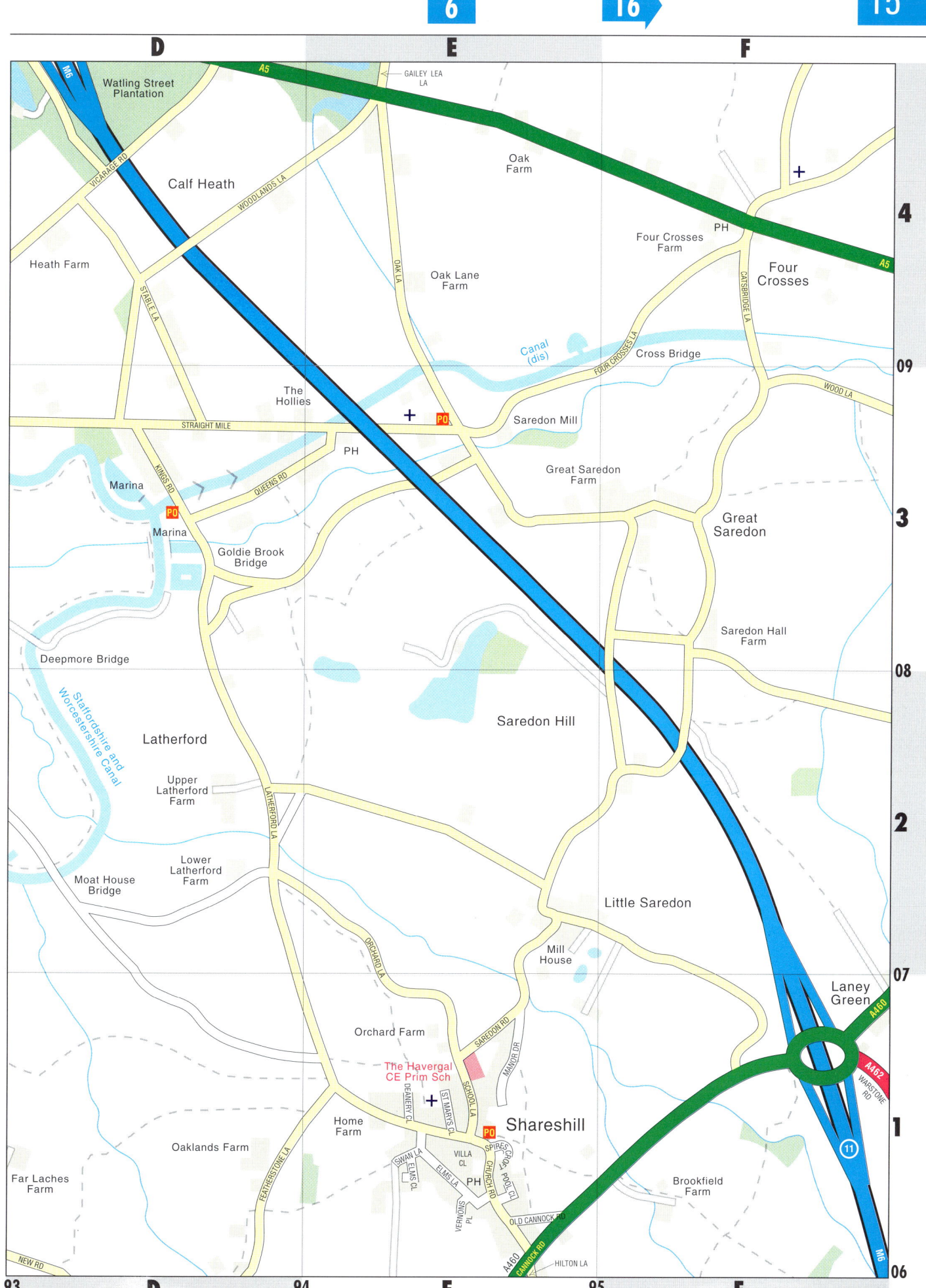

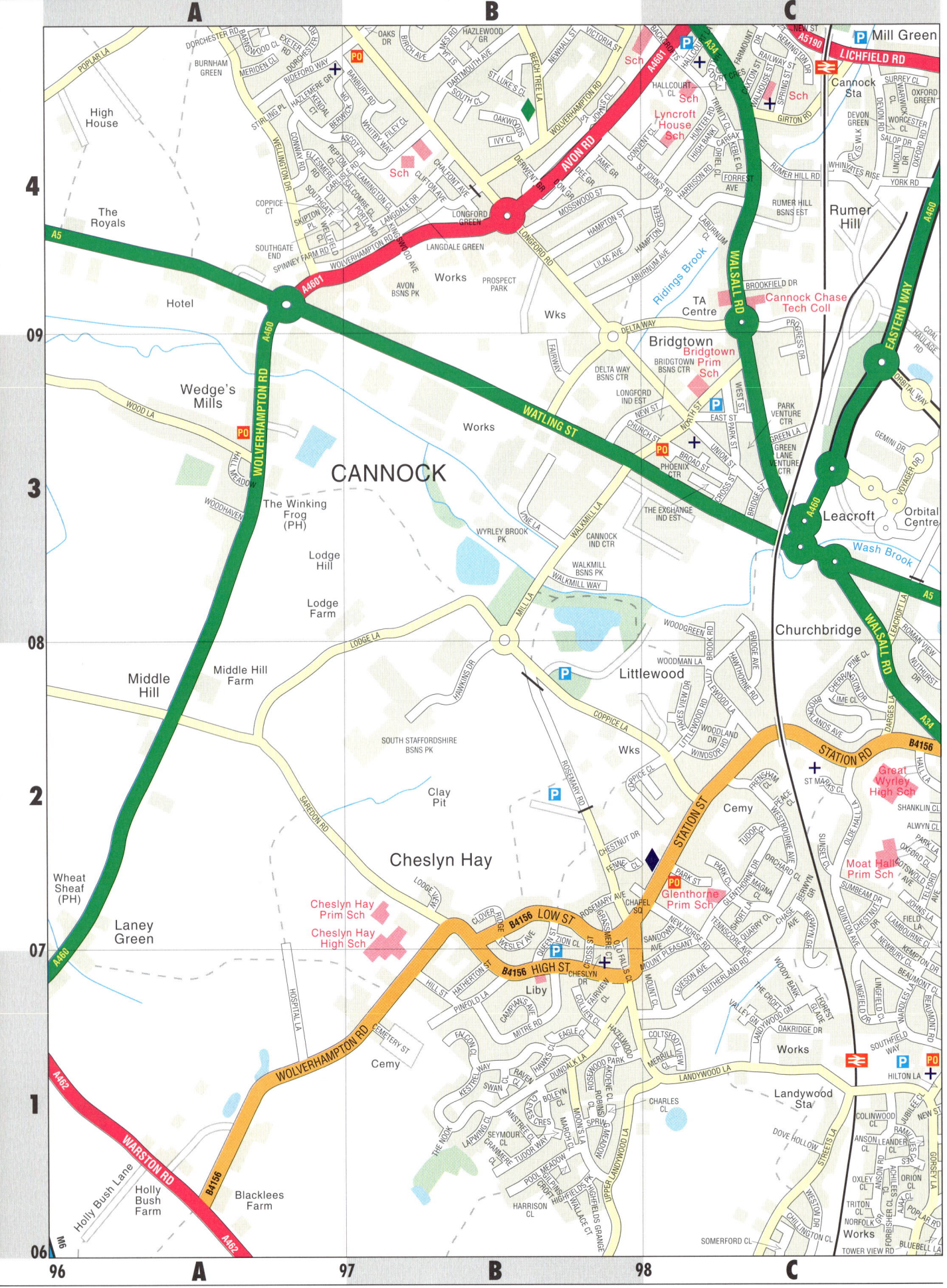

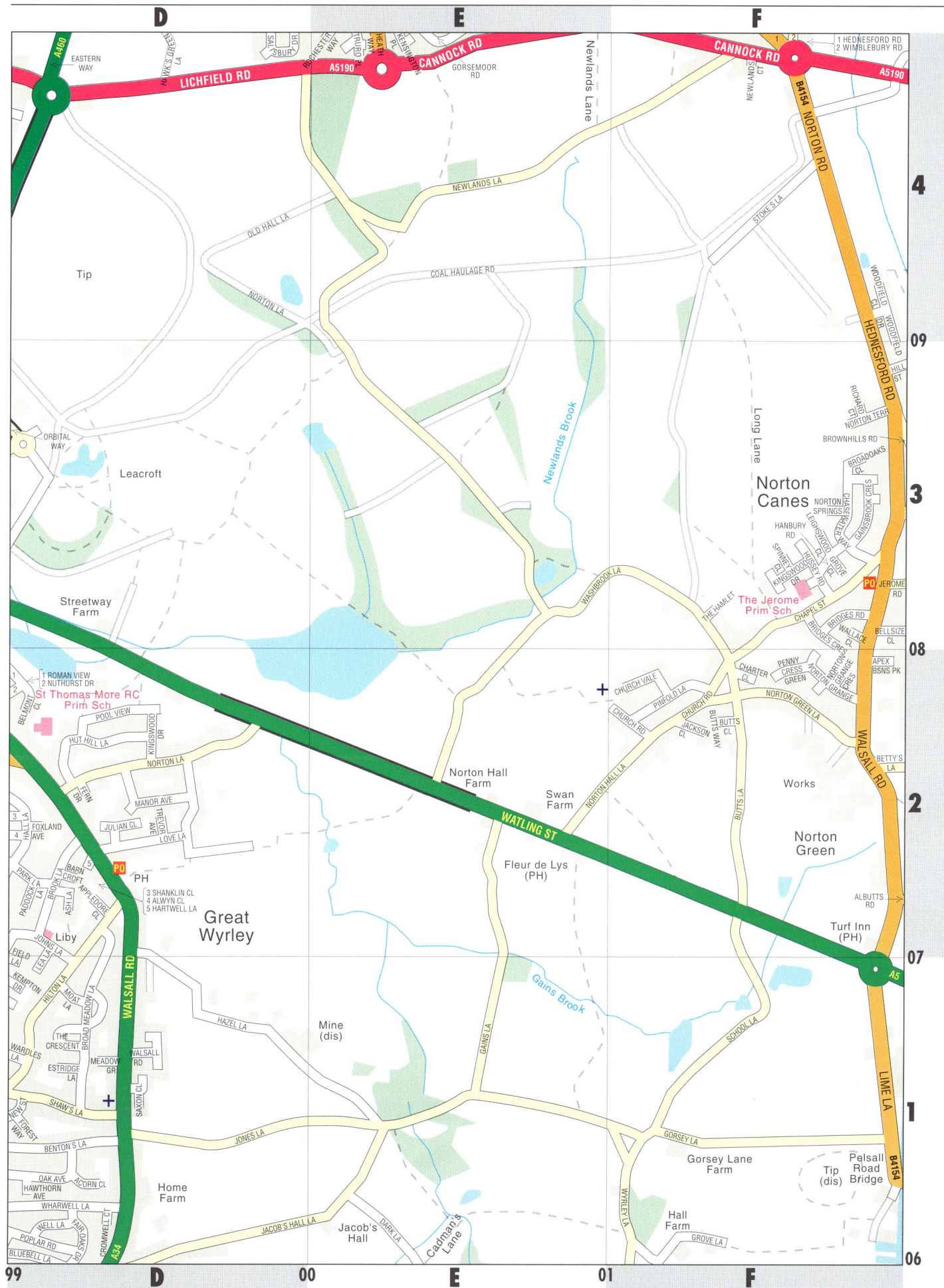

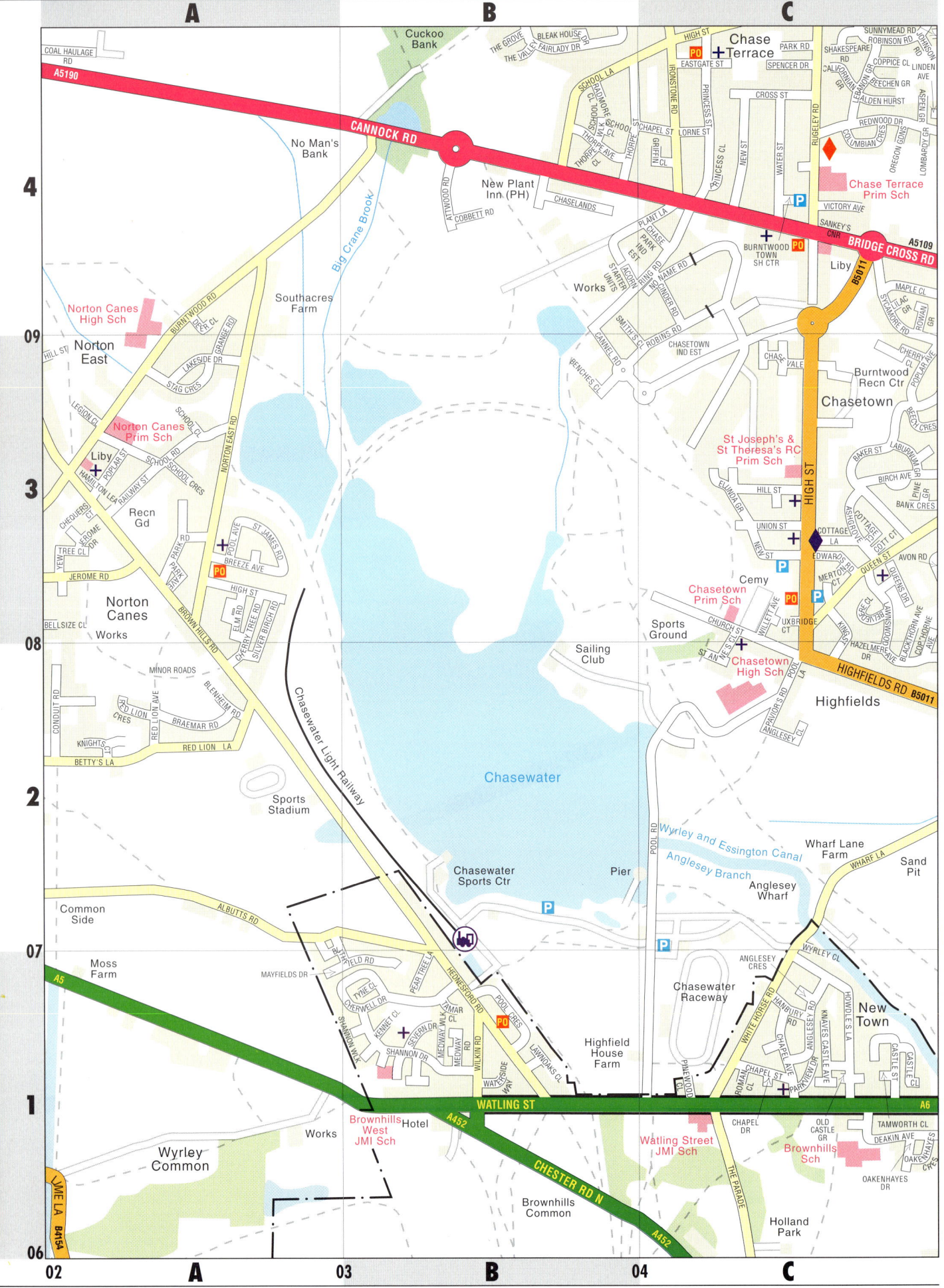

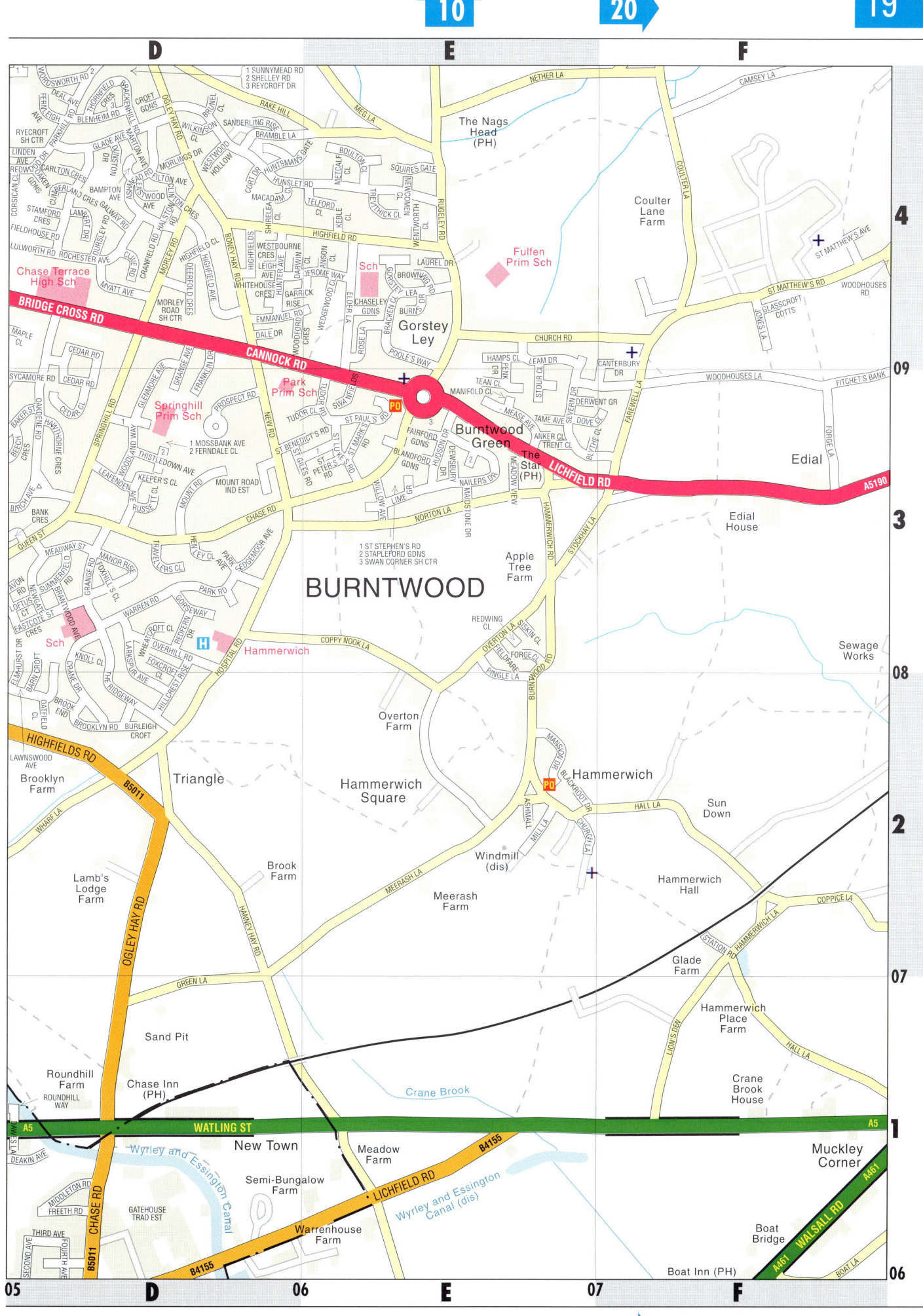

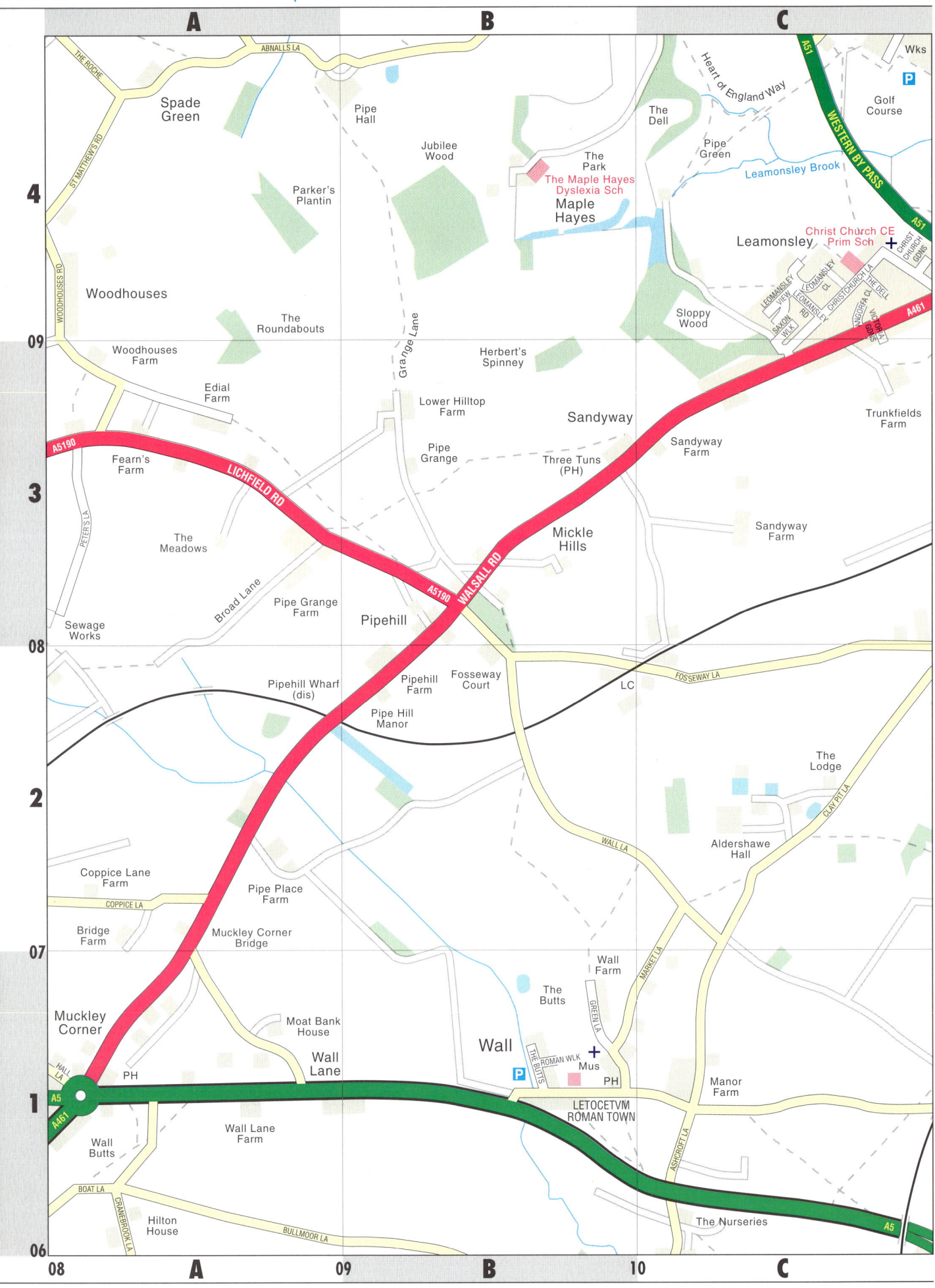

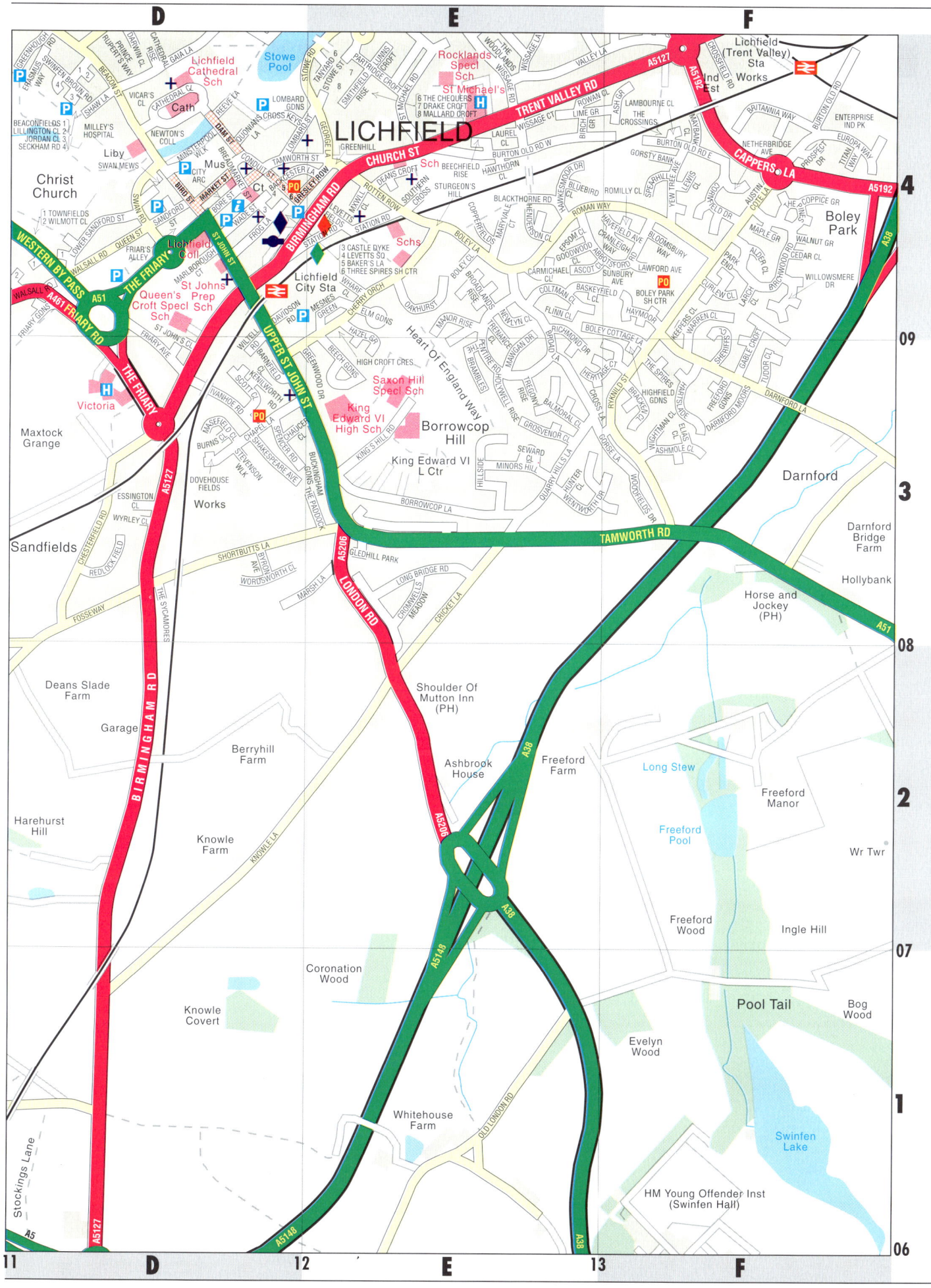

Index

Street names are listed alphabetically and show the locality, the Postcode District, the page number and a reference to the square in which the name falls on the map page

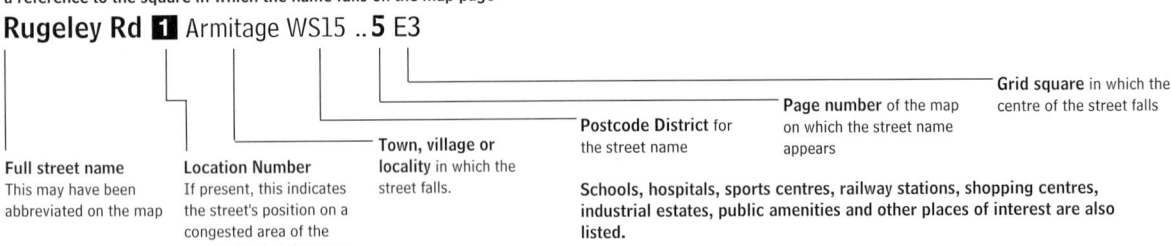

Full street name
This may have been abbreviated on the map

Location Number
If present, this indicates the street's position on a congested area of the map instead of the name

Town, village or locality in which the street falls.

Postcode District for the street name

Page number of the map on which the street name appears

Grid square in which the centre of the street falls

Schools, hospitals, sports centres, railway stations, shopping centres, industrial estates, public amenities and other places of interest are also listed.

Abbreviations used in the index

App **Approach**	Comm **Common**	Est **Estate**	N **North**	Sq **Square**
Arc **Arcade**	Cnr **Corner**	Gdns **Gardens**	Orch **Orchard**	Strs **Stairs**
Ave **Avenue**	Cotts **Cottages**	Gn **Green**	Par **Parade**	Stps **Steps**
Bvd **Boulevard**	Ct **Court**	Gr **Grove**	Pk **Park**	St **Street, Saint**
Bldgs **Buildings**	Ctyd **Courtyard**	Hts **Heights**	Pas **Passage**	Terr **Terrace**
Bsns Pk **Business Park**	Cres **Crescent**	Ho **House**	Pl **Place**	Trad Est **Trading Estate**
Bsns Ctr **Business Centre**	Dr **Drive**	Ind Est **Industrial Estate**	Prec **Precinct**	Wlk **Walk**
Bglws **Bungalows**	Dro **Drove**	Intc **Interchange**	Prom **Promenade**	W **West**
Cswy **Causeway**	E **East**	Junc **Junction**	Ret Pk **Retail Park**	Yd **Yard**
Ctr **Centre**	Emb **Embankment**	La **Lane**	Rd **Road**	
Cir **Circus**	Ent **Enterprise**	Mans **Mansions**	Rdbt **Roundabout**	
Cl **Close**	Espl **Esplanade**	Mdws **Meadows**	S **South**	

Abbey Cl ST19 .... 6 A4	Anson Ave WS13 .... 12 A1	Austin Cote La WS14 .... 21 F4	Beech Gr WS12 .... 7 E4	Bleak House Dr WS7 .... 18 B4
Abbey Dr ST18 .... 1 E4	Anson Cl Burntwood WS7 ..... 19 E4	Autumn Dr WS13 .... 12 B1	Beech Pine Cl WS12 .... 8 A4	Blenheim Dr WS13 .... 13 E3
Abbey St WS12 .... 8 A4	Great Wyrley WS6 .... 16 C1	Avenue Rd WS12 .... 8 C1	Beech Tree La WS11 .... 16 B4	Blenheim Rd
Abbots Field WS11 .... 7 F3	Anson Mews WS15 .... 2 C1	Averill Dr WS15 .... 2 B1	Beechen Gr WS7 .... 18 C4	Burntwood WS7 .... 19 D4
Abbots Wlk WS15 .... 5 D3	Anson Rd WS6 .... 16 C1	Avon Bsns Pk WS11 .... 16 B4	Beeches Croft WS13 .... 13 E4	Norton Canes WS11 .... 18 A2
Abbotsford Rd WS14 .... 21 F4	Anson St WS15 .... 2 C1	Avon Rd Burntwood WS7 .... 18 C3	Beeches Rd WS15 .... 5 D3	Blewitt St WS11 .... 8 A4
Abnalls Croft WS13 .... 11 F1	Anson's Row ST18 .... 1 E4	Cannock WS11 .... 16 B4	Beeches The WS15 .... 2 B2	Blithbury Rd Colton WS15 ... 3 D2
Abnalls La Burntwood WS13 .. 11 F1	Anstree Cl WS6 .... 16 B1	Avonlea Gdns WS15 .... 2 B1	Beechfield Rise WS15 ..... 21 F4	Hill Ridware WS15 .... 3 E3
Lichfield WS13 .... 11 F1	Ansty Dr WS15 .... 8 B1		Beechmere Rise WS15 .... 2 A1	Blithfield Pl WS11 .... 8 A1
Acacia Gr WS12 .... 8 C2	Antler Cl WS15 .... 2 A1	Back La ST18 .... 1 E4	Beechwood Bsns Pk WS11 ... 8 A2	Blithfield Rd WS8 .... 18 A1
Achilles Cl WS6 .... 16 C1	Apex Bsns Pk WS11 .... 17 F2	Backcester La WS13 .... 21 D4	Beecroft Ave WS13 .... 12 A1	Bloomfield Cres WS13 .... 12 A1
Acorn Cl Burntwood WS7 ..... 10 A1	Apollo Cl WS11 .... 8 A3	Backcrofts WS11 .... 7 E1	Beecroft Ct WS11 .... 7 F1	Bloomsbury Way WS14 .... 21 F4
Cannock WS11 .... 8 B1	Apple Wlk WS11 .... 8 B1	Baden Powell WS15 .... 9 F3	Beecroft Hill Specl Sch	Bluebell Cl WS12 .... 8 A3
Great Wyrley WS6 .... 17 D1	Appledore Cl Cannock WS12 .. 8 C2	Badger Cl WS12 .... 7 E3	WS11 .... 7 F1	Bluebell La WS6 .... 17 D1
Acorn Starter Units WS7 ..... 18 B4	Great Wyrley WS6 .... 17 D2	Badgers Way WS12 .... 8 B1	Beecroft Rd WS11 .... 7 F1	Bluebird Cl WS14 .... 21 E4
Adam Ct WS11 .... 7 E1	Arch St WS15 .... 4 C4	Bailey Cl WS11 .... 8 A2	Bees La WS15 .... 2 C1	Blythe Cl WS7 .... 19 E3
Adamson Cl WS11 .... 7 D1	Arden Cl WS15 .... 2 B1	Bailye Cl WS13 .... 12 C1	Bell Dr WS12 .... 8 B4	Boat La WS14 .... 19 F1
Addison Cl WS11 .... 7 F3	Ardgay Dr WS12 .... 7 F4	Baker St WS7 .... 18 C3	Bellamour La Colton WS15 ... 2 B3	Boley Cl WS14 .... 21 E4
Advance Bsns Pk WS11 ...... 8 A2	Armishaw Pl WS15 .... 5 D3	Baker's La WS13 .... 21 D4	Colwich WS15 .... 2 B3	Boley Cottage La WS14 ... 21 F4
Aelfgar Sixth Form Ctr	Armitage Gdns WS15 .... 5 D3	Baldwin Rd WS11 .... 8 B1	Bellamour Way WS15 .... 2 C3	Boley La WS14 .... 21 E4
WS15 .... 2 C1	Armitage La Armitage WS15 .. 5 D3	Balmoral Cl WS14 .... 21 E3	Bells La WS7 .... 9 F1	Boley Park Sh Ctr WS14 ... 21 F4
Aintree Cl WS12 .... 8 C3	Rugeley WS15 .... 5 D3	Balmoral Ct WS11 .... 8 A3	Bellsize Cl WS15 .... 17 F3	Boleyn Cl WS6 .... 16 B1
Ajax Cl WS6 .... 16 C1	Armitage Rd WS15 .... 5 D3	Balmoral Dr WS12 .... 7 F4	Belmont Ave WS11 .... 7 E1	Bondway WS12 .... 7 F4
Akdene Cl WS6 .... 16 B1	Arnotdale Dr WS12 .... 7 F4	Balmoral Way WS7 .... 9 F1	Belmont Cl WS11 .... 17 D2	Boney Hay Prim Sch WS7 .. 9 F1
Albany Dr WS15 .... 2 B2	Arran Cl WS11 .... 8 A2	Baltic Cl WS11 .... 7 F1	Belt Rd WS11 .... 8 A3	Boney Hay Rd WS7 .... 19 D4
Albert Davies Dr WS12 ...... 8 C2	Arthur Evans Cl WS15 .... 5 D3	Bampton Ave WS7 .... 19 D4	Belvedere Cl WS7 .... 18 C3	Booth Cl WS13 .... 12 A1
Albert St	Arthur St	Banbury Rd WS11 .... 5 B4	Benches Cl WS7 .... 18 B3	Booth St WS12 .... 8 A3
Cannock, Chadsmoor WS11 ...... 7 F2	Cannock, Chadsmoor WS11 ..... 7 F2	Bank Cres WS7 .... 18 C3	Benion Rd WS11 .... 7 F3	Bore St WS13 .... 21 D4
Cannock, Church Hill WS12 .... 8 B3	Cannock, Wimblebury WS12 ... 8 C2	Bank St WS12 .... 8 C1	Benson Cl WS13 .... 12 B1	Borough La WS15 .... 10 C4
Albion Pl WS11 .... 7 F2	Arthur Wood Pl WS15 .... 2 B1	Bank Top WS15 .... 2 B1	Bentley Brook La WS12 ..... 9 D3	Borrowcop La WS14 .... 21 E3
Albion St WS15 .... 2 C1	Ascot Cl WS14 .... 21 E4	Barber Cl WS12 .... 8 C1	Benton's La WS6 .... 17 D1	Boston Cl WS12 .... 8 C1
Albion Way WS7 .... 9 F1	Ascot Dr WS11 .... 16 A4	Bardy La Armitage WS15 .... 5 F2	Berry Hill WS12 .... 8 B2	Boswell Rd WS11 .... 7 E2
Albutts Rd Brownhills WS11 .. 18 A2	Ash Gr Cannock WS11 .... 7 F2	Longdon WS15 .... 5 E1	Berwick Dr WS11 .... 16 A4	Boulton Cl WS7 .... 19 E4
Norton Canes WS11 .... 18 A2	Lichfield WS14 .... 21 F4	Barley Field WV9 .... 14 A1	Berwyn Gr WS6 .... 16 C2	Bourne Cl WS12 .... 8 C1
Alden Hurst WS7 .... 18 C4	Ash La WS6 .... 17 D2	Barn Cl Lichfield WS13 ..... 12 A2	Betty's La WS11 .... 18 A2	Bow St WS15 .... 2 C1
Alder Cl WS14 .... 21 F4	Ash Park Ind Est WS11 ...... 8 A1	Rugeley WS15 .... 5 D3	Bevan Lee Rd WS11 .... 7 F2	Bower Cl WS13 .... 12 B1
Alder Way WS12 .... 9 D3	Ash Tree La WS13 .... 13 D1	Barn Croft Burntwood WS7 .... 19 D2	Beverley Hill WS12 .... 8 B3	Bower La WS15 .... 2 B2
Allen Birt Wlk WS15 .... 2 B2	Ash View WS12 .... 7 E4	Great Wyrley WS6 .... 17 D2	Bexmore Dr WS13 .... 12 C1	Bowes Dr WS11 .... 7 F2
Allport Rd WS11 .... 7 F1	Ashbourne Cl WS11 .... 8 A2	Barnard Way WS11 .... 7 F1	Bideford Way WS11 .... 16 A4	Boyden Cl Cannock WS11 .... 7 D1
Allport St WS11 .... 7 F1	Ashcroft La WS14 .... 20 C1	Barnfield Cl WS14 .... 21 D3	Bilberry Bank WS11 .... 7 F3	Penkridge ST19 .... 6 A4
Almond Cl WS11 .... 8 B1	Ashgrove WS7 .... 18 C3	Barnfield Way WS12 .... 8 B1	Bilberry Cl WS15 .... 2 B1	Bracken Cl Burntwood WS7 ... 19 E4
Almond Rd WS12 .... 7 E4	Ashleigh Rd WS15 .... 4 C4	Barnswood Cl WS11 .... 16 A4	Bilberry Cres WS12 .... 7 E3	Cannock WS12 .... 8 B4
Alnwick Cl WS12 .... 8 C1	Ashley Rd WS7 .... 9 F1	Baron Cl WS7 .... 9 F1	Billington Ave ST18 .... 1 E4	Lichfield WS14 .... 21 F3
Alpine Dr WS12 .... 8 B2	Ashmall WS7 .... 19 E2	Baskeyfield Cl WS14 .... 21 E4	Birch Ave Burntwood WS7 ... 18 C3	Bracken Rd WS12 .... 7 E3
Alston Cl WS12 .... 8 C1	Ashmead Rd WS7 .... 19 D4	Batesway WS15 .... 5 E2	Cannock WS11 .... 16 B4	Bracken Way WS15 .... 2 B1
Alton Gr WS11 .... 7 D1	Ashmole Cl WS14 .... 21 F3	Bath Rd WS11 .... 7 F3	Birch Gr WS14 .... 21 E4	Brackenhill Rd WS7 .... 19 D4
Alwyn Cl WS6 .... 17 D2	Ashoale Cl WS12 .... 7 E4	Bayswater Rd WS15 .... 2 B1	Birch La WS15 .... 5 D3	Bradbury La WS12 .... 8 A4
Amber Gn WS11 .... 8 B1	Ashtree Bank WS15 .... 5 D3	Beacon Gdns WS13 .... 12 A1	Birch Terr WS7 .... 10 A1	Bradford St WS11 .... 8 A3
Andover Pl WS11 .... 8 A2	Ashtree Cl ST18 .... 1 E4	Beacon St WS13 .... 11 F1	Birchcroft WV9 .... 14 B1	Bradwell La WS15 .... 9 F3
Aneurin Bevan Pl WS15 ..... 2 B1	Ashworth Ho WS11 .... 8 A2	Beacon Street Sch WS13 ... 11 F1	Birchfields Dr WS12 .... 8 B1	Braemar Gdns WS12 .... 7 F4
Anglesey Bsns Pk WS12 .... 8 C2	Aspen Ct WS12 .... 9 D3	Beacon Way WS12 .... 8 C2	Birchtree La WS15 .... 4 C3	Braemar Rd WS11 .... 18 A2
Anglesey Cl WS7 .... 18 C2	Aspen Gr WS7 .... 18 C4	Beaconfields WS13 .... 21 D4	Birchwood Rd WS14 .... 21 F4	Bramble Dr WS12 .... 8 B4
Anglesey Cres	Aspley Cl WV10 .... 14 C3	Beau Ct WS11 .... 7 F1	Bird St WS13 .... 21 D4	Bramble La WS7 .... 19 D4
Brownhills WS8 .... 18 C1	Asquith Dr WS11 .... 8 B1	Beaudesert WS7 .... 10 A1	Birmingham Rd WS14 ..... 21 D2	Bramble Way WS15 .... 2 B1
Cannock WS12 .... 8 B3	Aston Cl Colwich ST18 ...... 1 E4	Beaudesert View WS12 .... 9 D3	Bishops Grange WS15 ...... 2 C1	Brambles The WS14 .... 21 E3
Anglesey Mews WS12 ...... 8 B3	Penkridge ST19 .... 6 A4	Beaumont Cl WS6 .... 16 C1	Bishton La WS15 .... 2 A3	Brampton Dr WS12 .... 8 C1
Anglesey Rd Brownhills WS8 .. 18 C1	Athelstan Cl ST19 .... 6 A4	Beaumont Rd WS6 .... 16 C1	Blackcroft Dr WS7 .... 19 E2	Brantwood Ave WS7 .... 19 D3
Lichfield WS13 .... 12 A1	Attingham Dr WS11 .... 8 A1	Bedford Pl WS12 .... 8 A2	Blackthorn Ave WS7 .... 18 C2	Breadmarket St WS13 .... 21 D4
Anglesey St WS12 .... 8 A3	Attlee Cres WS15 .... 4 C4	Bedford Way WS15 .... 4 B3	Blackthorn Cres WS12 ..... 9 D3	Breeze Ave WS11 .... 18 A3
Anglia Rd WS11 .... 7 E2	Attlee Gr WS11 .... 8 B1	Bedingstone Dr ST19 .... 6 A4	Blackthorne Rd WS14 ..... 21 E4	Brereton Hill WS15 .... 5 D3
Angorfa Cl WS13 .... 20 C4	Attwood Rd WS7 .... 18 B4	Beech Cres WS7 .... 18 C3	Blake Cl WS11 .... 8 A3	Brereton Lodge WS15 ...... 5 D3
Anker Cl WS7 .... 19 E3	Auchinleck Dr WS13 .... 12 B1	Beech Ct WS12 .... 8 A4	Blake High Sch WS12 .... 7 F3	Brereton Manor Ct WS15 .. 5 D3
Anne Cres WS11 .... 7 F3	Augustines Wlk WS13 ..... 12 A1	Beech Gdns WS14 .... 21 E3	Blanford Gdns WS7 .... 19 E3	Brereton Rd WS15 .... 4 C4

Bre – Emm 23

Breretonhill La WS15 5 E1
Brewery St WS15 4 C4
Brewood Rd WV9 14 A2
Briar Cl Cannock WS12 8 A4
Rugeley WS15 2 B1
Briars Way WS12 9 E2
Brick Kiln Way WS15 4 C3
Bridge Ave WS11 16 C2
Bridge Cross Rd WS7 19 D4
Bridge St WS11 16 C3
Bridges Cres WS11 17 F3
Bridges Rd WS11 17 F3
Bridgtown Bsns Ctr WS11 16 C3
Bridgtown Prim Sch WS11 16 C3
Bridle Wlk WS15 2 A1
Briertey Hill La WS15 10 A2
Brindley Bank Rd WS15 2 C2
Brindley Cl ST19 6 A4
Brindley Cres WS12 8 B4
Brindley Heath Rd WS12 8 B4
Brindleys Bsns Pk WS11 8 A2
Brinkburn Cl WS15 2 A1
Bristol Cl WS11 8 A1
Britannia Way WS13 21 F4
Broad La Lichfield WS14 21 E3
Whittington WS13 13 F1
Broad Meadow La WS6 17 D1
Broad St WS11 16 C3
Broadacres WV9 14 A2
Broadhurst Gn WS12 8 A4
Broadlands Rise WS14 21 E4
Broadoaks Cl WS11 17 F3
Broadway WS12 7 F3
Broc Cl ST19 6 A4
Bromley Cl WS12 8 B4
Bromwich Dr WS13 13 E4
Bronte Dr WS11 8 B1
Brook Cl Brewood WV9 14 A2
Lichfield WS13 12 A1
Brook End Burntwood WS7 19 D2
Longdon WS15 5 F1
Brook La WS6 17 D2
Brook Rd WS11 16 C2
Brook Sq WS15 4 C4
Brooke Rd WS12 7 F3
Brookfield Dr WS11 16 C4
Brookhay La Alrewas WS13 13 F2
Whittington WS13 13 F2
Brooklands Ave WS11 16 C2
Brooklands Rd WS11 8 A2
Brooklyn Rd
Burntwood WS7 19 D2
Cannock WS12 8 B1
Broomhill Bank WS11 7 F2
Broomhill Cl WS11 7 F2
Brownhills Rd WS11 18 A2
Brownhills Sch WS8 18 C1
Brownhills West Jun Mix Inf Sch WS8 18 B1
Browning Rd WS7 19 E4
Browns Wlk WS15 2 B1
Brownsfield Rd WS13 12 B1
Brunel Cl WS7 19 D4
Brunswick Rd WS11 7 F1
Bryans La WS15 2 C1
Bryans Way WS12 8 C2
Buckingham Gdns WS14 21 D3
Buckingham Pl WS11 8 B1
Buckland Cl WS12 8 B1
Buckthorn Cl WS12 7 F4
Buds Rd WS15 9 F3
Bulldog La WS13 12 A1
Bullmoor La WS14 20 A1
Bunyan Pl WS11 7 F2
Burdock Cl WS11 8 A2
Burgoyne St WS11 8 A3
Burleigh Cl WS12 8 A4
Burleigh Croft WS7 19 D2
Burnfield Dr WS15 2 B1
Burnham Gn WS11 16 A4
Burns Cl WS14 21 D3
Burns Dr WS7 19 E4
Burns St WS11 8 A2
Burnthill La WS15 4 C4
Burntwood Rd
Burntwood WS7 19 E3
Norton Canes WS11 18 A4
Burntwood Recn Ctr WS7 18 C3
Burntwood Town Sh Ctr WS7 18 C4
Burton Old Rd
Lichfield WS14 21 F4
Streethay WS13 12 C1
Burton Old Rd E WS14 21 F4
Burton Old Rd W WS14 21 E4
Burton Rd Streethay WS13 12 C1
Whittington WS13 13 F1
Bush Dr WS15 2 C1
Buttermere Cl WS11 8 A2
Butts Cl WS11 17 F2
Butts La WS11 17 F2
Butts The WS14 20 B1
Butts Way WS11 17 F2
Byron Ave WS14 21 D3
Byron Cl WS7 9 F1
Byron Pl Cannock WS11 7 F3
Rugeley WS15 2 B1

Californian Gr WS7 18 C4
Callaghan Gr WS11 8 B1
Calving Hill WS11 7 F1
Cambria St WS11 7 E2
Cambrian La WS15 2 B2
Camelot Cl WS11 7 F2
Campbell Cl WS15 2 B1
Campian's Ave WS6 16 B1
Camsey La WS7 19 F4
Canaway Wlk WS15 2 B1
Cannel Rd WS7 18 B3
Cannnock Wood Rd WS12 9 D3
Cannnock Wood St WS12 9 D3
Cannock Chase High Sch WS11 7 F1
Cannock Chase Tech Coll
Cannock WS11 7 E1
Cannock, Bridgtown WS11 16 C4
Cannock Com Hospl WS11 7 F1
Cannock Ind Ctr WS11 16 B3
Cannock Rd
Burntwood, Chase Terrace WS7 18 B4
Burntwood, Gorstey Ley WS7 19 D4
Cannock, Heath Hayes WS11 17 E4
Cannock, High Town WS11 8 A3
Huntington ST19 6 A4
Shareshill WV10 15 E1
Cannock Sta WS11 16 C4
Cannock Wood Ind Est WS12 9 E3
Cannock Wood Rd WS12 9 D3
Cannock Wood St WS12 9 D3
Canterbury Cl WS13 12 B2
Canterbury Dr WS7 19 F4
Canterbury Way WS12 8 A1
Cappers La WS13, WS14 21 F4
Cardigan Ave WS15 4 B3
Cardigan Pl WS12 8 B3
Cardinal Griffin RC High Sch WS11 7 E1
Cardinal Way WS11 7 E1
Carfax WS11 16 C4
Carlisle Rd WS11 16 B4
Carlton Cl WS12 8 B1
Carlton Cres WS7 19 D4
Carmel Cl WS12 8 B3
Carmichael Cl WS14 21 E4
Casa Mia Ct WS12 8 B3
Castle Cl WS8 18 C1
Castle Dyke WS13 21 D4
Castle St WS8 18 C1
Cathedral Cl WS13 21 D4
Cathedral Rise WS13 21 D4
Catkin Wlk WS15 2 B1
Catmeadow La WS15 5 E1
Catsbridge La WS11 15 F4
Cavan's Cl WS11 7 F2
Cavans Wood Mobile Homes WS12 7 E3
Caxton St WS11 16 C4
Cecil St WS11 7 F2
Cedar Cl Burntwood WS7 19 D3
Cannock WS12 8 A4
Lichfield WS14 21 F4
Cedar Cres WS15 5 D3
Cedar Rd WS7 19 D4
Cedarhill Dr WS11 7 F2
Cedarwood Cl WV9 14 A2
Celtic Rd WS11 7 F2
Cemetery Rd WS11 7 F2
Cemetery St WS6 16 B1
Central Ave WS11 7 F3
Chadsfield Rd WS15 2 C1
Chadsmead Prim Sch WS13 12 A1
Chadsmoor CE Jun Sch WS11 8 A2
Chadsmoor Inf Sch WS11 8 A2
Chadswell Hts WS13 12 B1
Chadwick Ct WS15 4 C4
Chaffinch Cl WS12 8 A2
Chalcot Dr WS12 8 A4
Chalfont Ave WS11 16 B4
Chancel Cty Inf Sch WS15 2 C1
Chancery Dr WS12 8 B4
Chapel Ave WS8 18 C1
Chapel Dr WS8 18 C1
Chapel La Cannock WS15 9 F3
Lichfield WS14 21 D3
Longdon WS15 10 A2
Chapel Rd WS15 5 F3
Chapel Sq WS6 16 B2
Chapel St Brownhills WS8 18 C1
Burntwood WS7 18 C4
Cannock WS12 8 C1
Norton Canes WS11 17 F3
Chapelside WS15 2 B1
Chaplain Rd WS12 8 C1
Charlemonte Cl WS12 8 B2
Charles Cl WS6 16 B1
Charlock Gr WS11 8 B2
Charlotte Cl ST18 1 E4
Charmwood Cl WS12 8 B2
Charnwood Cl
Lichfield WS13 12 B1
Rugeley WS15 2 B1
Charnwood Prim Sch WS13 12 B1
Charter Cl WS11 17 F2
Charterfield Dr WS12 8 B1
Charters The WS13 12 A1
Chase Ave WS6 16 C2
Chase L Ctr WS11 7 E1
Chase Park Ind Est WS7 18 C4
Chase Rd Brownhills WS8 19 D1
Burntwood WS7 19 D3
Chase Side Rd WS15 4 B4
Chase Terrace High Sch WS7 19 D4
Chase Terrace Prim Sch WS7 18 C4
Chase Vale WS7 18 C3
Chase Wlk WS12 7 F2
Chaselands WS7 18 B4
Chaseley Ave WS11 7 E1
Chaseley Cl WS15 2 A1
Chaseley Croft WS11 7 E1
Chaseley Gdns WS7 19 E4
Chaseley Rd WS15 2 A1
Chaseside Dr WS11 8 A2
Chaseside Ind Est WS11 8 A2
Chasetown High Sch WS7 18 C2
Chasetown Ind Est WS7 18 C3
Chasetown Prim Sch WS7 18 C3
Chasewater WS7 18 B2
Chasewater Light Rly WS11 18 A2
Chasewater Sports Ctr WS8 18 B2
Chasewater Way WS11 17 F3
Chasewood Park Bsns Ctr WS12 8 C1
Chatsworth Dr WS11 8 A2
Chaucer Cl WS14 21 D3
Chaucer Dr WS7 10 A1
Chawner Cl WS7 9 F1
Chequers Ct WS11 18 A3
Chequers The WS13 21 E4
Cherrington Dr WS11 16 C2
Cherry Bank WS12 8 B3
Cherry Cl WS7 18 C3
Cherry Orch WS14 21 E4
Cherry Tree Rd
Huntington WS12 7 E4
Norton Canes WS11 18 A3
Rugeley WS15 4 C3
Cherwell Dr WS8 18 B1
Cheslyn Dr WS6 16 B1
Cheslyn Hay High Sch WS6 16 B2
Cheslyn Hay Prim Sch WS6 16 B2
Chestall Rd WS15 9 F3
Chester Cl Cannock WS11 8 A1
Lichfield WS13 12 B2
Chester Rd N WS8 18 B1
Chesterfield Rd WS14 21 D3
Chestnut Cl WS11 8 B1
Chestnut Dr
Cheslyn Hay WS6 16 B2
Great Wyrley WS6 16 C2
Chetwynd Cl WS15 4 C3
Chetwynd Pk WS12 9 D3
Cheviot Dr WS15 2 B2
Cheviot Rise WS12 8 B3
Chichester Dr WS12 8 B1
Chieveley Cl WS15 2 B1
Chillington Cl WS6 16 C1
Chilwell Ave ST18 1 F4
Chorley Rd WS7 10 A1
Christ Church CE Prim Sch WS13 20 C4
Christ Church Gdns WS13 20 C4
Christchurch La WS13 20 C4
Christopher Wlk WS13 12 A2
Church Cl Alrewas WS13 13 E4
Rugeley WS15 4 A4
Church Hill WS12 8 B3
Church La Alrewas WS13 13 E4
Armitage WS15 5 F3
Brewood WV9 14 A1
Burntwood WS7 19 E2
Rugeley WS15 2 B1
Church Rd Burntwood WS7 19 E4
Huntington WS11 7 D1
Norton Canes WS11 17 F2
Shareshill WV10 15 E1
Church St Burntwood WS7 18 C3
Cannock WS11 7 F1
Cannock, Bridgmoor WS11 16 B3
Cannock, Chadsmoor WS11 8 A2
Lichfield WS13, WS14 21 E4
Rugeley WS15 2 C1
Church Vale WS11 17 F2
Church View WS15 5 D3
Churchcroft Gdns WS15 2 C1
Churchfield Cl WV9 14 B1
Churchfields CE Jun Sch WS15 4 C4
Cinder Hill WV9 14 A2
Cinder Rd WS7 18 C4
City Arc WS13 21 D4
Clarion Way WS11 7 F3
Clay Gates La ST19 14 A4
Clay Pit La Lichfield WS14 20 C2
Wall WS14 20 C2
Claygate Rd WS12 8 C2
Cleeton St WS12 8 B1
Cleveland Dr WS11 8 A2
Cleves Cres WS6 16 B1
Clifton Ave WS11 16 B4
Clinton Cres WS7 19 D4
Clive Rd WS7 19 D4
Clover Mdws WS12 8 B1
Clover Ridge WS6 16 B2
Coach House La WS15 2 C1
Coal Haulage Rd WS11 17 E4
Coalpit La WS15 5 D3
Coalway Rd WS15 5 D3
Cobbett Rd WS7 18 B4
Cobden Cl WS12 8 B4
Cocketts Nook WS15 2 B2
Cocksparrow La SW12 7 D3
Coley Gr ST18 1 E4
Coley La ST18 1 E4
Colinwood Cl WS6 16 C1
Collier Cl WS6 16 B1
Colliery Rd WS15 4 C2
Collins Hill WS13 12 A1
Coltman Cl WS14 21 E4
Colton Rd WS15 2 C2
Coltsfoot View WS6 16 C1
Columbian Cres WS7 18 C4
Columbian Way WS11 7 F2
Colwich Prim Sch ST17 1 F4
Common La Alrewas WS13 13 E3
Cannock WS11 8 A2
Common View
Burntwood WS7 10 A1
Cannock WS12 8 A4
Common Wlk WS12 7 E3
Commonside WS7, WS15 10 A2
Condor Gr WS12 8 B1
Conduit Rd WS11 18 A2
Conduit St WS13 21 D4
Conifer Cl WS12 8 A4
Coniston Way WS11 7 F1
Convent Cl Cannock WS11 16 B4
Colwich ST18 1 E4
Conway Rd WS11 16 A4
Copperfields WS14 21 E4
Copperkins Rd WS12 8 C2
Coppermill Cl WS12 7 F4
Coppice Cl Burntwood WS7 18 C4
Cheslyn Hay WS11 16 C2
Coppice Ct WS11 16 A4
Coppice Gr WS14 21 F4
Coppice La Burntwood WS7 20 A2
Cheslyn Hay WS11 16 B2
Coppice Rd WS15 4 C3
Coppice The WS12 8 C1
Coppy Nook La WS7 19 E3
Copthorne Ave WS7 18 C2
Cornfield Dr WS14 21 F4
Cornhill WS11 7 F3
Cornwall Ct WS15 4 B3
Cornwall Rd WS12 8 A3
Corsican Cl WS7 19 D4
Corsican Dr WS12 8 A4
Cort Dr WS7 19 D4
Cotswold Ave WS6 16 C2
Cotswold Rd WS12 8 A4
Cottage Cl Burntwood WS7 18 C3
Cannock WS12 8 B3
Cottage Ct WS7 18 C3
Cottage La WS7 18 C3
Cotters Hill Cl ST18 1 E4
Cotton Way WS7 9 F1
Coulson Cl WS7 19 E1
Coulter La WS7 19 F4
Coulthwaite Way WS15 4 C3
Covey Cl WS13 12 B1
Cowley Gn WS12 7 F4
Cowlishaw Way WS15 4 C3
Crab La WS11 8 A2
Crabtree Way WS15 2 B1
Crane Dr WS7 19 D2
Crane Field WS13 12 A1
Cranebrook La WS14 20 A1
Cranfield Rd WS7 19 D4
Cranford Pl WS11 7 F1
Cranleigh Way WS14 21 F4
Cranmere Cl WS6 16 B1
Crateford La ST19 14 A4
Crescent The
Burntwood WS7 9 F1
Great Wyrley WS6 17 D1
Crestwood Rise WS15 2 B1
Cricket La WS14 21 E3
Croft Gdns WS7 19 D4
Croft Prim Sch The WS15 5 F3
Croft The Cheslyn Hay WS6 16 C1
Longdon WS15 5 F1
Crompton Cl ST18 1 F4
Cromwell Ct WS6 17 D1
Cromwell Rd WS12 8 C1
Cromwells Meadow WS14 21 E3
Cross In Hand La
Farewell WS13 11 E2
Lichfield WS13 11 F1
Cross Keys WS13 21 D4
Cross La WS14 21 E3
Cross Rd WS15 4 C4
Cross St Burntwood WS7 18 C4
Cannock, Bridgtown WS11 16 C3
Cannock, Hayes Heath WS12 8 C1
Cheslyn Hay WS6 16 B2
Crossfield Rd WS13 21 F4
Crossings The WS14 21 F4
Crossley Stone WS15 2 C1
Croxley Dr WS12 8 B2
Cuckoo Cl WS11 8 B1
Cumberland Cres WS7 19 D4
Cumberland Rd WS11 8 A2
Cumberledge Hill WS15 9 F3
Curborough Rd WS13 12 A1
Curlew Cl WS14 21 F4
Curlew Hill WS11 8 A2
Curzon Pl WS15 4 C4
Cygnet Cl WS12 8 B4
Cypress Rise WS12 9 D3

D'Urberville Wlk WS11 8 A1
Daffodil Wlk WS15 2 B1
Daisy Bank WS12 7 F4
Dale Dr WS7 19 D4
Dam St WS13 21 D4
Danby Dr WS12 9 E2
Danilo Rd WS11 7 E1
Darges La WS11 16 C2
Dark La Farewell WS13 11 D1
Great Wyrley WS6 17 E1
Longdon WS15 10 B4
Darlings La WS15 10 A3
Darnford La WS14 21 F3
Darnford Moors WS14 21 F3
Darnford View WS13 12 C1
Dartmouth Ave WS11 16 B4
Dartmouth Rd WS11 7 E1
Darwin Cl Burntwood WS7 19 D4
Cannock WS12 8 C1
Lichfield WS13 21 D4
Datteln Rd WS11 8 A2
David Garrick Gdns WS13 12 A1
Davidson Rd WS14 21 D4
Davy Pl WS15 4 B3
Dawes Cl WS15 5 F2
Dawes La WS8 19 D1
Dayton Dr WS15 2 B1
Daywell Rise WS15 2 B2
Deacon Way WS15 2 C1
Deakin Ave WS8 18 C1
Deal Ave WS7 19 D4
Deanery Cl Rugeley WS15 2 C1
Shareshill WV10 15 E1
Deans Croft WS14 21 E4
Deavall Way WS11 8 A1
Dee Gr WS11 16 B4
Deepmore Cl WV10 14 B3
Deer Cl Huntington WS12 7 E3
Norton Canes WS11 18 A4
Deerfold Cres WS7 19 D4
Deerhurst Rise WS12 8 C3
Deerleap Way WS15 2 B1
Delafield Way WS15 2 B1
Dell The Cannock WS12 8 C2
Lichfield WS13 20 C4
Delta Way WS11 16 C4
Delta Way Bsns Ctr WS11 16 B3
Denbury Cl WS12 8 B1
Denmark Rise WS12 8 B4
Derwent Gr
Burntwood WS7 19 E3
Cannock WS11 16 B4
Devall Cl WS15 4 C4
Devon Gn WS11 16 C4
Devon Rd WS11 16 C4
Devonshire Dr WS15 4 B3
Dewsbury Dr WS7 19 E3
Diamond Gr WS11 8 B1
Dimbles Hill WS13 12 A1
Dimbles La WS13 12 A1
District Ctr WS11 8 B1
Dobree Cl ST17 1 F4
Dodds La WS13 10 B2
Don Gr WS11 16 B4
Dorchester Rd WS11 7 D1
Dorset Rd WS12 8 C1
Dove Cl WS7 19 E3
Dove Hollow Cannock WS12 8 C2
Great Wyrley WS6 16 C1
Dovedale WS11 8 A3
Dovehouse Fields WS14 21 D3
Downesway WS11 7 E1
Drake Croft WS13 21 E4
Druids Way ST19 6 A4
Dual Way WS12 7 E4
Dugdale Cl WS12 8 C2
Duke Rd WS7 9 F1
Dumore Hay La WS13 13 F4
Dundalk La WS6 16 B1
Dunston Dr WS7 19 D4
Durham Dr WS15 4 B3
Dursley Dr WS11 7 D1
Dursley Rd WS7 19 D4
Dyott Cl WS13 13 D1

Eagle Cl WS6 16 B1
Eagle Gr WS12 8 B1
Earl Dr WS7 9 F1
East Beeches WV9 14 A1
East Butts Rd WS15 2 A1
East Cannock Ind Est WS12 8 A2
East Cannock Rd WS12 8 A2
East Rd WV10 14 C1
East St WS11 16 C3
Eastcote Cres WS7 19 D3
Eastern Ave WS13 12 B1
Eastern Way WS11 8 A1
Eastgate WS12 9 D3
Eastgate St WS7 18 C4
Eastwood Ave WS7 19 D4
Ebenezer St WS12 8 A4
Eden Cl WS12 8 C1
Edgemoor Meadow WS12 8 B1
Edison Cl WS12 8 B4
Edmonton Cl WS11 8 A1
Edward St WS11 7 F2
Edwards Farm Rd WS13 13 F4
Edwards Rd WS7 18 C3
Elder Cl WS11 8 B1
Elder La WS7 19 E4
Elgar Cl Cannock WS11 7 F3
Lichfield WS13 12 A1
Elias Cl WS14 21 F3
Elizabeth Rd WS11 7 F3
Ellesmere Rd WS11 16 A4
Ellis Wlk WS11 16 C4
Elm Gdns WS14 21 E4
Elm Gr WS12 7 E4
Elm Rd WS11 18 A3
Elmdon Cl ST19 6 A4
Elmhurst Cl WV9 14 A2
Elmhurst Dr WS7 19 D2
Elmore Ho WS15 2 C1
Elmore La WS15 2 C1
Elms Cl WV10 15 E1
Elms Dr WS11 7 E1
Elms La WV10 15 E1
Elmwood Cl WS11 8 A2
Elunda Gr WS7 18 C3
Ely Cl WS11 8 A1
Emmanuel Rd WS7 19 D4

24 Ent – Kna

Enterprise Dr WV10 14 B3
Enterprise Ind Pk WS13 21 F4
Epsom Cl WS14 21 E4
Erasmus Way WS13 21 D4
Eskrett St WS12 8 B3
Essex Dr Cannock WS12 8 A2
Rugeley WS15 4 B3
Essington Cl WS14 21 D3
Estridge La WS6 17 D1
Etching Hill CE Prim Sch WS15 2 B1
Etching Hill Rd WS15 2 A1
Europa Way WS13 21 F4
Evergreen Hts WS12 8 A4
Exchange Ind Est The WS11 16 C3
Exeter Rd WS11 16 A4
Exonbury Wlk WS11 7 F1

Fair Lady Dr WS7 9 E1
Fairfield Cl WS12 8 B1
Fairford Gdns WS7 19 E3
Fairlady Dr WS7 18 B4
Fairmount Way WS15 2 B1
Fairoak High Sch WS15 4 B4
Fairview Cl WS6 16 B1
Fairway WS11 16 B3
Falcon Cl Cannock WS11 7 E1
Cheslyn Hay WS6 16 B1
Fallow Field Cannock WS11 7 F2
Lichfield WS13 12 A2
Farewell La WS7 19 F3
Farm Cl Cannock WS12 8 B2
Rugeley WS15 2 B1
Farmount Dr WS11 16 C4
Fawn Cl WS12 7 E3
Featherbed La WS13 11 F2
Featherstone La WV10 15 D1
Fecknam Way WS13 12 B1
Fennel Cl WS6 16 B2
Fern Croft WS13 11 F1
Fern Dell Cl WS11 7 E1
Fern Dr WS6 17 D2
Fern Rd WS12 7 E3
Ferncombe Dr WS15 2 B1
Ferndale Cl WS7 19 D3
Ferndale Rd WS13 11 F1
Fernleigh Ave WS7 19 D4
Fernwood Dr WS15 2 B1
Festival Mews WS11 7 F3
Field La WS6 16 C2
Field Pl WS15 4 A4
Field Rd WS13 12 A2
Field St WS11 7 F2
Fieldfare WS7 19 E3
Fieldhouse Rd
Burntwood WS7 19 D4
Cannock WS12 7 F4
Filey Cl WS11 16 B4
Filton Ave WS7 19 D4
Finches Hill WS15 2 B1
Fine La WS13 13 F3
Fir Cl WS12 7 E4
Fircroft Cl WS11 8 A2
Firecrest Cl WS11 8 B1
Firs The
Cannock, Cannock Wood WS15 9 F3
Cannock, Hawks Green WS11 8 A1
Fisher St WS12 7 F4
Fitchet's Bank WS7 19 F3
Five Ways Prim Sch WS12 8 B1
Flaxley Cty Prim Sch WS15 4 C3
Flaxley Rd WS15 4 B3
Flinn Cl WS14 21 E4
Florence St WS12 8 A4
Forbisher Cl WS6 16 C1
Ford La WS13 10 C1
Forest Cl ST18 1 E4
Forest Glade WS6 16 C1
Forest Way WS6 17 D1
Forge Cl WS7 19 E3
Forge La Burntwood WS7 19 F3
Lichfield WS13 12 A1
Forge Mews WS15 2 C1
Forge Rd WS15 2 C1
Forge St WS12 8 B2
Forrest Ave WS11 16 C4
Forrester Cl WS13 13 E3
Fortescue La WS15 2 C1
Fosseway WS14 21 D3
Fosseway La WS14 20 C2
Foster Ave WS12 7 F3
Four Crosses La WS11 15 F4
Fourth Ave WS8 19 D1
Fox La Alrewas WS13 13 F4
Elmhurst WS13 12 A3
Foxcroft Cl WS7 19 D3
Foxfields Way WS12 7 E4
Foxglove Cl WS15 2 B1
Foxglove Wlk WS12 8 B4
Foxhill Cl WS12 8 B1
Foxhills Cl WS7 19 D3
Foxland Ave WS6 17 D2
Fradley La WS13 13 F4
Francis Cl ST19 6 A4
Francis Rd WS13 12 A1
Frank Gee Cl WS15 2 B1
Frank Rogers Wlk WS15 2 B1
Franklin Dr WS7 19 D4
Freeford Gdns WS14 21 F3
Freeth Rd WS8 19 D1
Frensham Cl WS6 16 C2
Friar's Alley WS13 21 D4
Friary Ave WS13 21 D3
Friary Gdns WS13 21 D4
Friary Grange Sports Ctr WS13 11 F1
Friary Rd WS13 21 D4
Friary Sch The WS13 11 F1
Friary The WS13 21 D4
Friday Acre WS13 12 A1
Frog La WS13 21 D4
Fulfen Prim Sch WS7 19 E4
Furnivall Cres WS13 12 B1

Gable Croft WS14 21 F3
Gaelic Rd WS11 7 E2
Gaia La WS13 21 D4
Gaia Stowe WS13 12 A1
Gaiafields Rd WS13 12 A1
Gaialands Cres WS13 12 A1
Gailey Lea La ST19 6 A1
Gains La WS3 17 E2
Gainsbrook Cres WS11 17 F3
Galway Rd WS7 19 D4
Garden Dr WS15 5 D4
Garden View WS15 2 B1
Garrick Cl WS13 11 F1
Garrick Rd Cannock WS11 7 E2
Lichfield WS13 11 F1
Garrick Rise
Burntwood WS7 19 D4
Rugeley WS15 5 D3
Garth The WS13 12 A1
Gatehouse Trad Est WS8 19 D1
Gemini Dr WS11 16 C3
Gentleshaw Prim Sch WS15 10 A3
George Brealey Cl WS15 4 C4
George La WS13 21 E4
George St WS12 8 B2
Georgian Pl WS11 7 F1
Giddywell La WS15 5 F1
Giffords Croft WS13 12 A1
Gilbert Rd WS13 12 B1
Gilbert Wlk WS13 12 B1
Giles Rd WS13 12 A2
Gilpins Croft WS6 16 B1
Gilwell Rd WS15 9 F3
Girton Rd WS11 16 C4
Glade The WS11 7 E1
Gladstone Rd WS12 8 C1
Glasscroft Cotts WS7 19 F4
Gledhill Pk WS14 21 E3
Glen Cl WS11 7 F3
Glencoe Rd WS11 8 A2
Glendawn Cl WS11 8 A2
Glendene Rd WS12 8 B3
Glenhaven WS15 2 B1
Glenmore Ave WS7 19 D3
Glenthorne Dr WS6 16 C2
Glenthorne Prim Sch WS6 16 C2
Gloucester Cl WS13 12 A2
Gloucester Way WS11 8 A1
Glover St WS12 8 C2
Glovers Cl WS12 9 D3
Goldthorne Ave WS11 7 F1
Goodwood Cl
Cannock WS12 9 D3
Lichfield WS14 21 E4
Gorse Dr WS12 7 E3
Gorse La Alrewas WS13 13 D4
Lichfield WS14 21 F3
Rugeley WS15 4 C3
Gorse Rd WS15 4 C3
Gorse Way WS12 8 B4
Gorseburn Way WS15 2 B1
Gorsemoor Prim Sch WS12 8 B1
Gorsemoor Rd WS12 8 B1
Gorseway WS7 19 D3
Gorsey La Cannock WS11 7 E1
Great Wyrley WS6 16 C1
Norton Canes WS3 17 F1
Gorstey Lea WS7 19 E4
Gorsty Bank WS14 21 F4
Gowland Dr WS11 7 D1
Goya Cl WS11 8 B1
Grange Ave WS7 19 D4
Grange Dr WS11 7 F1
Grange Hill WS15 5 E1
Grange La WS13 11 F1
Grange Rd Burntwood WS7 19 D3
Norton Canes WS11 18 A3
Grange The WS15 5 E1
Grasmere Pl WS11 7 F3
Grassmere Ct WS6 16 B2
Gratley Croft WS12 7 E2
Gravel La WS12 7 E3
Gray Rd WS12 7 F3
Great Wyrley High Sch WS6 16 C2
Green Heath Rd WS12 8 A4
Green La
Burntwood, Creswell Green WS7 10 B1
Burntwood, Triangle WS7 19 D1
Cannock WS11 16 C3
Farewell WS13 10 B2
Rugeley WS15 2 B1
Wall WS14 20 B1
Green Lane Venture Ctr WS11 16 C3
Green Mdws WS11 8 B1
Green Slade Gr WS12 8 B4
Green The WS15 5 D3
Greenacres Brewood WV9 14 A2
Rugeley WS15 4 C4
Greencroft WS13 12 A1
Greenfields WS11 7 F1
Greenfields Dr WS15 2 B1
Greenhill WS13 21 E4
Greenhough Rd WS13 21 D4
Greens Ind Est WS12 8 B4
Greenways ST19 6 A4
Greenwood Dr WS14 21 E3
Greenwood Pk WS12 8 A4
Greig Ct WS11 8 B1
Gresham Rd WS11 7 F2
Gresley Row WS13 21 E4
Griffin Cl WS7 18 C4
Grimley Way WS11 7 F2
Grindcobbe Gr WS15 2 B2
Grosvenor Cl WS14 21 E3
Grove Cl WS11 17 F3
Grove La WS3 17 F1
Grove The WS7 18 B4

Hadley Park Gdns WS15 4 B4
Hagley Dr WS15 2 B1
Hagley Park Cty High Sch WS15 4 B4
Hagley Rd WS15 2 B1
Haig Cl WS11 8 A3
Hall La Burntwood WS7 19 F2
Great Wyrley WS6 17 D2
Hall Meadow WS11 16 A3
Hallcourt Cl WS11 16 C4
Hallcourt Cres WS11 16 C4
Hallcourt La WS11 16 C4
Halston Rd WS7 19 D4
Hamelin St WS11 7 F2
Hamilton Cl WS12 8 C2
Hamilton Lea WS11 18 A3
Hamlet The WS11 17 F3
Hammerwich La WS7 19 F2
Hammerwich Rd WS7 19 E3
Hamps Cl WS7 19 E4
Hampton Gn WS11 16 C4
Hampton St WS11 16 B4
Hanbury Rd
Brownhills WS8 18 C1
Norton Canes WS11 17 F3
Hanch Hall WS15 11 F4
Handel Ct WS11 8 B1
Handel Wlk WS13 12 B1
Hannaford Way WS11 7 F1
Hanney Hay Rd WS7 19 D2
Hanover Pl WS11 7 F1
Hardie Ave WS15 4 C4
Hardie Gn WS11 7 F2
Harebell Cl WS12 8 B1
Harland Cl ST18 1 E4
Harley Cl WS15 4 C3
Harney Ct WS15 2 B2
Harrison Cl WS6 16 B1
Harrison Rd WS11 16 C4
Hartlebury Cl WS11 8 B1
Hartslade WS14 21 F3
Hartwell La WS6 17 D2
Harvey Rd WS13 13 E3
Harwood Rd WS13 12 A2
Hatherton Croft WS11 7 E1
Hatherton Rd WS11 7 E1
Hatherton St WS6 16 B1
Hatton Rd WS11 7 D1
Havefield Ave WS14 21 F4
Havergal CE Prim Sch The WV10 15 E1
Hawcroft WS15 5 F1
Hawkesmoor Dr WS14 21 E4
Hawkesmore Dr ST18 1 E4
Hawkesville Dr WS11 7 F1
Hawkins Cl WS13 12 A1
Hawkins Dr WS11 16 B2
Hawks Cl WS6 16 B1
Hawks Green La WS11 8 A1
Hawkyard Ct WS11 8 A2
Hawthorn Ave WS6 17 D1
Hawthorn Cl WS14 21 E4
Hawthorn Way WS15 2 B1
Hawthorne Cres WS7 19 D3
Hawthorne Rd
Cannock WS12 8 C2
Cheslyn Hay WS11 16 C2
Huntington WS12 7 E4
Hay End La WS13 13 E4
Hay La WS15 11 D4
Hayes View WS13 11 F1
Hayes View Dr WS11 16 C2
Hayes Way WS12 8 B1
Hayfield Hill WS15 9 F2
Haymoor WS14 21 F4
Haywood Grange ST18 1 E4
Haywood Hts ST18 1 E4
Hayworth Rd WS13 12 B1
Hazel Dr WS12 9 D3
Hazel Gr WS14 21 E4
Hazel La WS6 17 D1
Hazel Slade Prim Sch WS12 9 D3
Hazelmere Dr WS7 18 C2
Hazelwood Cl WS6 16 B1
Hazelwood Gr WS11 16 B4
Hazlemere Gr WS11 16 A4
Hazlewood Gr WS11 16 B4
Heath Gap WS13 13 E4
Heath Gap Rd WS11 7 F2
Heath Hayes Prim Sch WS12 8 C1
Heath Rd WS15 4 C3
Heath St WS12 8 A4
Heath Way WS11 8 A1
Heathbank Dr WS12 7 E3
Heather Cl WS15 4 C3
Heather Dr WS12 7 E3
Heather Mews WS12 8 A4
Heather Rd WS12 8 A4
Heather Valley WS12 8 B3
Heathland Cl WS12 8 B1
Heathway WS15 3 D4
Hedgerow Cl WS12 7 F4
Hednesford Rd
Brownhills WS8 18 B1
Cannock, Blackfords WS11 7 F1
Cannock, Little Hayes WS12 8 C1
Norton Canes WS11 17 F3
Rugeley WS15 4 B4
Hednesford St WS11 7 F1
Hednesford Sta WS12 8 A3
Heenan Gr WS13 11 F1
Hemlock Way WS11 8 A2
Henderson Cl WS14 21 E4
Henley Cl WS7 19 D3
Henley Grange WS15 2 A1
Hereford Rd WS12 8 A2
Heritage Ct WS14 21 E3
Hermes Rd WS13 12 B1
Heron Dr WV9 14 A1
Heron St WS15 4 C4
Herondale WS12 8 A2
Hewitt Cl WS13 12 A1
Hewston Croft WS12 8 B2
Hickory Ct WS11 8 B1
High Bank WS11 16 C4
High Chase Rise ST18 1 E4
High Croft Cres WS14 21 E4
High Falls WS15 4 C4
High Grange Cannock WS11 8 A3
Lichfield WS13 11 F1
High Grn WS11 7 E1
High Meadow WS15 9 F3
High Mount St WS12 8 A3
High St Burntwood WS7 9 F1
Cheslyn Hay WS6 16 B1
Colton WS15 3 D3
Longdon WS15 5 F1
Norton Canes WS11 18 A3
Highfield Ave WS7 19 D4
Highfield Cl WS7 19 D4
Highfield Ct WS11 8 A3
Highfield Dr ST18 1 E4
Highfield Gdns WS14 21 F3
Highfield Rd
Burntwood WS7 19 E4
Cannock WS12 8 C1
Highfields WS7 19 D4
Highfields Grange WS6 16 B1
Highfields Pk WS6 16 B1
Highfields Prim Sch WS7 19 E4
Highfields Rd WS7 18 C2
Highland Rd WS12 7 E2
Highland Way WS15 2 B2
Hill Crest Dr WS13 12 A1
Hill La WS7 9 F1
Hill St Burntwood WS7 18 C3
Cannock WS12 8 B2
Cheslyn Hay WS6 16 B1
Norton Canes WS11 17 F3
Rugeley WS15 4 C4
Hillary Crest WS15 4 C3
Hillcrest Rise WS7 19 D2
Hillside WS14 21 E3
Hillside Cl Cannock WS12 8 A4
Rugeley WS15 5 D3
Hillside Dr ST18 1 E4
Hilltop WS15 4 C4
Hillway Cl WS15 2 B1
Hilton La Great Wyrley WS6 17 D1
Shareshill WV10 15 E1
Hislop Rd WS15 4 C4
HM Young Offender Inst (Swinfen Hall) WS14 21 F1
Hob Hill CE Methodist Prim Sch WS15 5 D3
Hob's Rd WS13 12 C1
Hobart Rd WS12 8 C1
Hobbs View WS15 5 D3
Hobstone Hill La WS7, WS13 10 C1
Hodnet Pl WS11 8 A1
Hodson Way WS11 8 A1
Holder Dr WS11 7 D1
Holland Cl WS13 13 D1
Hollies Ave WS11 7 F1
Hollow La WS15 3 D3
Holly Bank View WS15 5 D3
Holly Dr WS13 13 E4
Holly Grove La WS7 9 F1
Holly Grove Prim Sch WS7 9 F1
Holly Hill Rd WS15 9 F3
Holly La WS12 7 E4
Holly St WS11 7 F3
Holmcroft Gdns WV9 14 B1
Holston Cl WS12 8 C1
Holt Cres WS11 8 A1
Holyoake Pl WS15 2 B2
Holywell Rise WS14 21 E3
Hood La WS15 5 F1
Hopton Meadow WS12 8 B1
Hornbeam Cres WS12 9 D3
Horse Fair WS15 4 C4
Horseshoe Dr WS15 2 A1
Horsey La WS15 10 B4
Hospital La WS6 16 A1
Hospital Rd WS7 19 D3
Howard Cres WS12 8 B4
Howdle's La WS8 18 C1
Hudson Cl WS11 8 A1
Hudson Dr WS7 19 E3
Hunslet Rd WS7 19 D4
Hunter Ave WS7 19 D4
Hunter Cl WS14 21 E3
Hunter Rd WS11 16 C4
Huntington Ind Est SW12 7 D3
Huntington Prim Sch WS12 7 E4
Huntington Terrace Rd WS11 7 F2
Huntsman's Hill WS15 5 E1
Huntsmans Gate WS7 19 D4
Huntsmans Rise WS12 7 E4
Huntsmans Wlk WS15 2 B1
Huron Cl WS11 8 A1
Hurstbourne Cl WS15 2 B1
Hussey Rd WS11 17 F3
Hut Hill La WS11 17 D2
Hutchinson Cl WS15 2 A1
Hyssop Cl WS11 8 A2

Ingestre Cl WS11 8 A1
Ingleside WS15 2 B1
Ironstone La WS13 13 F3
Ironstone Rd WS12 9 E2
Irving Cl WS13 11 F1
Ivanhoe Rd WS14 21 D3
Ivy Cl WS11 16 B4
Ivy La WS15 9 F3

Jackman Cl WS13 13 E3
Jackman Rd WS13 13 E3
Jackson Cl WS11 17 F2
Jackson Rd WS13 12 A2
Jacob's Hall La WS6 17 D1
Jade Gr WS11 8 B1
James Greenway WS13 12 A1
James St WS11 7 F3
James Warner Cl WS15 2 B1
Jeffrey Cl WS15 2 B2
Jenkinstown Rd WS12 9 D3
Jennet's La WS15 3 F1
Jerome Dr WS11 18 A3
Jerome Prim Sch The WS11 17 F3
Jerome Rd WS11 18 A3
Jerome Way WS7 19 E4
Jesmond Cl WS12 9 D3
John Ball Ct WS15 2 B2
John Bamford Cty Prim Sch WS15 2 B1
John St
Cannock, High Town WS11 8 A2
Cannock, Wimblebury WS12 8 C2
John Till Cl WS15 2 C1
John Wood CE Inf Sch WS11 16 C4
Johns La WS6 17 D2
Johnson Cl Lichfield WS13 12 B1
Rugeley WS15 2 B1
Johnson Rd
Burntwood WS7 18 C4
Cannock WS11 7 E2
Jones La Burntwood WS7 19 F4
Great Wyrley WS6 17 D1
Rugeley WS15 4 B4
Jordan Cl Alrewas WS13 13 E3
Lichfield WS13 21 D4
Jordan Croft WS13 13 E4
Joseph Dix Dr WS15 2 B1
Jubilee Cl WS6 16 C1
Jubilee St WS15 2 B1
Judes wlk WS13 11 F1
Julian Cl WS6 17 D2
Juniper Cl WS12 9 D3

Kean Cl WS13 11 F1
Keats Ave WS11 7 F3
Keble Cl Burntwood WS7 19 E4
Cannock WS11 16 C4
Keeling Dr WS11 7 D1
Keeper's Cl WS7 19 D3
Keepers Cl WS14 21 F4
Kelly Ave WS15 4 C3
Kelvedon Way WS15 2 B1
Kelvin Dr WS11 8 A2
Kempton Cl WS12 9 D3
Kempton Dr WS6 16 C1
Kendal Ct WS11 16 A4
Kenilworth Cl ST19 6 A4
Kenilworth Ct WS11 7 F1
Kenilworth Dr WS11 7 E2
Kenmore Ave WS12 7 F4
Kennet Cl WS8 18 B1
Kensington Pl WS11 17 E4
Kent Pl WS12 8 C1
Kestrel Gr WS12 8 B1
Kestrel Way WS6 16 B1
Key Cl WS12 8 B2
Keyspark Rd WS12 8 C2
Keystone La WS15 4 C4
Keystone Rd WS15 4 C4
Kielder Cl WS12 8 C1
Kilmorie Rd WS11 7 E1
Kimberley Way WS15 4 C3
King Edward VI High Sch WS14 21 E3
King Edward VI L Ctr WS14 21 E3
King St Burntwood WS7 18 C3
Rugeley WS15 4 C4
King's Hill Rd WS14 21 E3
Kingfisher Dr WS12 8 B3
Kings Ave WS12 8 B2
Kings Rd WV10 15 D3
Kingsdown Rd WS7 9 F1
Kingsley Ave WS12 8 B4
Kingsmead High Sch WS12 8 B2
Kingsway WS11 8 A2
Kingswood Ave WS11 16 B4
Kingswood Dr
Great Wyrley WS11 17 D2
Norton Canes WS11 17 F3
Kinross Ave WS12 7 F4
Kipling Ave WS7 10 A1
Knaves Castle Ave WS8 18 C1

Kni – Pla 25

Knight Rd WS7 ... 9 F1
Knighton Rd WS12 ... 8 C2
Knights Ct WS11 ... 18 A2
Knoll Cl WS7 ... 19 D3
Knowle La WS14 ... 21 D2

Laburnum Ave WS11 ... 16 C4
Laburnum Cl WS11 ... 16 C4
Laburnum Gr WS7 ... 18 C3
Laches La WV10 ... 14 C1
Lady Hill Terr WS15 ... 4 A4
Lakeside Dr WS11 ... 18 A3
Lambert Dr WS7 ... 19 D4
Lambourne Cl
Great Wyrley WS6 ... 16 C2
Lichfield WS14 ... 21 F4
Lance Dr WS7 ... 9 F1
Landor Cres WS15 ... 4 C4
Landywood Gn WS6 ... 16 C1
Landywood La WS6 ... 16 C1
Landywood Sta WS6 ... 16 C1
Lanehead Wlk WS15 ... 2 B1
Langdale Dr WS11 ... 16 B4
Langdale Gn WS11 ... 16 B4
Langholm Dr WS12 ... 8 C1
Langton Ct WS13 ... 12 A1
Langtree Cl WS12 ... 8 B1
Lanrick Gdns WS15 ... 2 C1
Lansbury Dr WS11 ... 7 F2
Lansbury Rd WS15 ... 4 C3
Lansdowne Way WS15 ... 2 B1
Lapwing Cl WS6 ... 16 B1
Larch Cl WS14 ... 21 F4
Larch Rd WS15 ... 4 C3
Larchwood Dr WS11 ... 8 A2
Larkholme Cl WS15 ... 2 A1
Larkspur Ave WS7 ... 19 D2
Latherford Cl WV10 ... 14 C3
Latherford La WV10 ... 15 D2
Laurel Cl WS14 ... 21 E4
Laurel Dr Burntwood WS7 ... 19 E4
Cannock WS12 ... 8 C2
Laurels The WS15 ... 4 C4
Lavender Lodge ST17 ... 1 F4
Lawford Ave WS14 ... 21 F4
Lawn La WV9 ... 14 A1
Lawnoaks Cl WS8 ... 18 B1
Lawnswood Ave WS7 ... 18 C3
Lawnswood Cl WS11 ... 8 B1
Lea Hall Dr WS7 ... 9 E1
Lea Hall Ent Pk WS15 ... 5 D3
Lea Hall La WS15 ... 5 D3
Lea La WS6 ... 17 D2
Lea Wlk WS11 ... 8 A2
Leacroft La WS11 ... 16 C3
Leafdown Cl WS12 ... 8 B2
Leafenden Ave WS7 ... 19 D3
Leam Dr WS7 ... 19 E4
Leamington Cl WS11 ... 16 B4
Leander Cl Burntwood WS7 ... 9 F1
Great Wyrley WS6 ... 16 C1
Leasowe Rd WS15 ... 5 D3
Leasowe The WS13 ... 12 A1
Leathermill La WS15 ... 2 C1
Lebanon Gr WS7 ... 18 C4
Lees Cl WS15 ... 5 D3
Legion Cl WS11 ... 18 A3
Leigh Ave WS7 ... 19 D4
Leighswood Cl WS11 ... 17 F3
Leomansley Cl WS13 ... 20 C4
Leomansley Rd WS13 ... 20 C4
Leomansley View WS13 ... 20 C4
Levels The WS15 ... 4 C3
Leveson Ave WS6 ... 16 C1
Levetts Fields WS14 ... 21 E4
Levetts Hollow WS11 ... 8 B2
Levetts Sq WS13 ... 21 D4
Lewis Cl WS14 ... 21 F4
Leyfields WS13 ... 12 A1
Leyland Dr WS15 ... 2 C1
Lichen Cl WS12 ... 7 E3
Lichfield Bsns Ctr WS13 ... 12 B1
Lichfield Cathedral Sch
WS13 ... 21 D4
Lichfield City Sta WS14 ... 21 D4
Lichfield Coll WS13 ... 21 D4
Lichfield Rd
Burntwood, Burntwood Green
WS7 ... 19 E3
Burntwood, New Town WS7 ... 19 E1
Cannock WS11 ... 16 C4
Elmhurst WS13 ... 11 F4
Lichfield St WS15 ... 4 C4
Lichfield (Trent Valley) Sta
WS13 ... 21 F4
Light Ash WV10 ... 14 B2
Light Ash Cl WV9 ... 14 B2
Light Ash La WV9 ... 14 B2
Lilac Ave WS11 ... 16 B4
Lilac Gr WS7 ... 18 C4
Lillington Cl WS13 ... 21 D4
Lime Cl WS11 ... 16 C2
Lime Gr Burntwood WS7 ... 19 E3
Lichfield WS14 ... 21 E4
Lime Rd WS12 ... 7 E4
Limepit La Cannock WS12 ... 7 E3
Huntington WS12 ... 7 E3
Lincoln Cl WS13 ... 12 B2
Lincoln Dr WS11 ... 16 C4
Linden Ave WS7 ... 19 D4
Linden View WS12 ... 8 A2
Ling Rd WS12 ... 7 E3
Lingfield Cl WS6 ... 16 C1
Lingfield Dr WS6 ... 16 C1
Linnet Cl SW12 ... 7 E4
Linwood Dr WS12 ... 7 F4
Lion St WS15 ... 2 C1
Lion's Den WS14 ... 19 F1
Little Barrow Wlk WS13 ... 12 A1
Little Grange WS13 ... 11 F1
Little Orch WS15 ... 2 C1
Little Pipe La WS13 ... 11 D1
Littleton Bsns Pk WS12 ... 7 E4
Littleton Dr WS12 ... 7 E4
Littleton Way WS7 ... 9 E1
Littlewood La WS11 ... 16 C2
Littlewood Rd WS11 ... 16 C2
Littleworth Hill WS12 ... 8 B2
Littleworth Rd WS12 ... 8 C2
Lloyd George Gr WS11 ... 8 B1
Lloyd St WS11 ... 7 E1
Lodge La WS11 ... 16 B3
Lodge Rd Burntwood WS7 ... 9 F1
Rugeley WS15 ... 5 D3
Lodge View WS6 ... 16 B2
Loftus Ct WS7 ... 19 D3
Lomax Cl WS13 ... 12 A1
Lomax Rd WS12 ... 8 A4
Lombard Gdns WS13 ... 21 D4
Lombard St WS13 ... 21 D4
Lombardy Gr WS7 ... 18 C4
London Rd WS14 ... 21 E3
Long Bridge Rd WS14 ... 21 E3
Long Croft WS12 ... 7 E2
Long La WS13 ... 13 F4
Longacres WS12 ... 8 C3
Longfellow Pl WS11 ... 7 F2
Longfellow Rd WS7 ... 10 A1
Longford Gn WS11 ... 16 B4
Longford Ind Est WS11 ... 16 B3
Longford Prim Sch WS11 ... 16 B4
Longford Rd WS11 ... 16 B4
Longstaff Ave WS12 ... 9 E2
Longstaff Croft WS13 ... 11 F1
Lord Cromwell Ct WS11 ... 8 A3
Lorne St WS7 ... 18 C4
Lotus Dr WS11 ... 7 F3
Lovatt Pl WS11 ... 7 F3
Love La Great Wyrley WS6 ... 17 D2
Rugeley WS15 ... 2 C1
Lovett Ct WS15 ... 2 B1
Low St WS6 ... 16 B2
Lower Brook St WS15 ... 2 C1
Lower La WS13 ... 10 B2
Lower Rd WS12 ... 8 B2
Lower Sandford St WS13 ... 21 D4
Lower Way WS15 ... 5 E1
Lowland Rd WS12 ... 7 E3
Ludlow Cl WS11 ... 8 B1
Lukes Wlk WS13 ... 12 A1
Lulworth Rd WS7 ... 19 D4
Lunns Croft WS13 ... 21 E4
Lymington Rd WS7 ... 9 F1
Lyn Ave WS13 ... 11 F1
Lyncroft House Sch WS11 ... 16 C4
Lyndhurst Rd WS12 ... 8 C1
Lynfield Rd WS13 ... 11 F1
Lysander Way WS11 ... 7 F2
Lysways La Colwich ST18 ... 1 E4
Longdon WS15 ... 11 D4

Macadam Cl WS7 ... 19 D4
Madden Cl WS15 ... 4 C3
Magna Cl WS6 ... 16 C2
Maidstone Dr WS7 ... 19 E3
Main Rd WS15 ... 5 E2
Main Rd Brereton WS15 ... 5 D3
Mallard Croft WS13 ... 21 E4
Mallicot Cl WS13 ... 12 B1
Malt House Rd WS15 ... 10 A3
Malvern Dr WS15 ... 2 B1
Manifold Cl WS7 ... 19 E3
Manley Rd WS13 ... 12 B1
Manor Ave Cannock WS11 ... 7 E1
Great Wyrley WS6 ... 17 D2
Manor Dr WV10 ... 15 E1
Manor Farm Rd ST18 ... 1 E4
Manor Rise Burntwood WS7 ... 19 D3
Lichfield WS14 ... 21 E4
Manor Way WS15 ... 3 D3
Mansion Dr WS7 ... 19 E2
Maple Cl WS7 ... 18 C4
Maple Cres WS11 ... 7 E1
Maple Dr WS12 ... 7 E4
Maple Gr WS14 ... 21 F4
Maple Hayes Dyslexia Sch
The WS13 ... 20 B4
March Banks WS15 ... 2 B1
March Cl WS6 ... 16 B1
Marconi Pl WS12 ... 8 B4
Margaret Dr WS11 ... 7 F3
Marigold Cl WS11 ... 8 B2
Marina Cres WS12 ... 8 A3
Market Hall St WS11 ... 7 F1
Market La WS14 ... 20 C1
Market Pl WS11 ... 7 E1
Market Sq WS15 ... 2 C1
Market St Cannock WS12 ... 8 B3
Lichfield WS13 ... 21 D4
Rugeley WS15 ... 2 C1
Marks Wlk WS13 ... 12 A1
Marlborough Ct WS13 ... 21 D4
Marquis's Dr WS15 ... 4 A1
Marsh La WS14 ... 21 E3
Marshwood Cl WS11 ... 8 A1
Marston Rd WS12 ... 7 F3
Martin Croft WS13 ... 12 A1
Martindale WS11 ... 8 A1
Martindale Trad Est WS11 ... 8 A1
Marton Ave WS7 ... 19 D4
Mary St WS12 ... 8 A4
Maryvale Ct WS14 ... 21 E4
Masefield Cl
Burntwood WS7 ... 10 A1
Lichfield WS14 ... 21 D3
Masefield Gr WS11 ... 7 F2
Matlock Dr WS11 ... 8 A2
Matthews Wlk WS13 ... 12 A1
Mavis Rd WS12 ... 8 A4
Mavor Ave WS7 ... 9 E1
Mawgan Dr WS14 ... 21 E3
Maxwell Cl WS14 ... 21 E4
May Cl WS7 ... 9 F1
Maybank Cl WS14 ... 21 F4
Maycroft Cl WS12 ... 7 F4
Mayfields Dr WS8 ... 18 A1
Mayflower Dr WS15 ... 2 B1
McGeough Wlk WS11 ... 8 A3
McGhie St WS12 ... 8 A3
McKie Way WS15 ... 4 C3
Meadow Croft
Huntington WS12 ... 7 E2
Streethay WS13 ... 13 D1
Meadow Gr WS6 ... 17 D1
Meadow Hill Dr WS11 ... 8 A2
Meadow La ST18 ... 1 E4
Meadow Lark Cl WS12 ... 8 A2
Meadow View WS7 ... 19 E3
Meadow Way WS12 ... 8 B1
Meadowbrook Rd WS13 ... 12 A2
Meadows The WS15 ... 5 D3
Meadway Cl WS12 ... 8 B2
Meadway St WS7 ... 19 D3
Mease Ave WS7 ... 19 E3
Medway Rd WS8 ... 18 B1
Medway Wlk WS8 ... 18 B1
Meerash La WS7 ... 19 E2
Meg La WS7 ... 10 A1
Melbourne Cres WS12 ... 8 C1
Melbourne Rd WS12 ... 8 C1
Melbury Way WS11 ... 7 F1
Melchester Wlk WS11 ... 7 F1
Melford Grange WS7 ... 9 F1
Melford Rise WS7 ... 9 F1
Melrose Dr WS12 ... 7 F4
Mercury Rd WS11 ... 8 A3
Meriden Cl WS11 ... 16 A4
Merlin Cl WS11 ... 7 E1
Merrill Cl WS6 ... 16 C1
Mersey Cl WS15 ... 2 C2
Merton Ct WS7 ... 18 C3
Mesnes Gn WS14 ... 21 E4
Metcalf Cl WS7 ... 19 E4
Metcalfe Cl WS12 ... 8 B3
Michigan Cl WS11 ... 8 A1
Micklewood La ST19 ... 6 A2
Middleton Rd WS8 ... 19 D1
Middleway WS12 ... 9 D3
Midhurst Dr WS12 ... 8 B4
Midland Rd WS12 ... 7 E3
Mill Cres WS11 ... 8 A1
Mill La Burntwood WS7 ... 19 E2
Cheslyn Hay WS11 ... 16 B3
Rugeley WS15 ... 2 C1
Mill Park Ind Est WS11 ... 8 A1
Mill Pk WS11 ... 8 A1
Mill Pond The WS13 ... 12 B1
Mill Pool Rd WS12 ... 8 A3
Mill St WS11 ... 7 F1
Millbrook Cl WS11 ... 7 F1
Millers Vale WS12 ... 8 B1
Milley's Hospital WS13 ... 21 D4
Millicent Cl WS12 ... 8 A3
Millington St WS15 ... 2 C1
Milton Rd WS11 ... 7 F2
Minors Hill WS14 ... 21 E3
Minsterpool Wlk WS13 ... 21 D4
Mitcham Cl WS12 ... 7 F4
Mitre Rd WS6 ... 16 B1
Moat Hall Prim Sch WS6 ... 16 C2
Moat La WS6 ... 17 D1
Montrose Cl WS11 ... 7 F3
Moon's La WS6 ... 16 B1
Moor Croft WS15 ... 3 D3
Moor Hall La ST19 ... 6 A4
Moor La WS15 ... 3 D4
Moor The WS13 ... 13 E4
Moor View WS7 ... 10 A1
Moore St WS12 ... 8 B4
Moorhill Prim Sch WS11 ... 7 F3
Moorings The ST17 ... 1 F4
Moorland Cl WS15 ... 2 B1
Moorland Rd WS11 ... 7 F3
Moors Dr WV9 ... 14 A1
Moreton St WS11 ... 7 F2
Morley Rd WS7 ... 19 D4
Morley Road Sh Ctr WS7 ... 19 D4
Morlings Dr WS7 ... 19 D4
Moss Cl WS12 ... 7 E3
Moss Gn WS15 ... 2 B1
Moss Rd WS11 ... 8 A2
Moss St WS11 ... 8 A2
Mossbank Ave WS7 ... 19 D3
Mosswood St WS11 ... 16 B4
Mount Ave WS12 ... 8 A4
Mount Cl WS6 ... 16 C1
Mount Pleasant WS6 ... 16 C1
Mount Rd Burntwood WS7 ... 19 D3
Rugeley WS15 ... 2 A1
Mount Road Ind Est WS7 ... 19 D3
Mount Side Rd WS12 ... 8 B4
Mount St WS12 ... 8 A4
Mountain Pine Cl WS12 ... 8 A4
Mountbatten Cl WS7 ... 9 F1
Mowbray Croft WS7 ... 9 F1
Mozart Ct WS11 ... 8 B1
Mulberry Rd WS11 ... 7 F2
Muldoon Cl WS11 ... 8 A2
Myatt Ave WS7 ... 19 D4
Myatt Way WS15 ... 4 C3

Naden Ho WS12 ... 7 E3
Nailers Dr WS7 ... 19 E3
Nash La WS13 ... 12 A3
Navigation Way WS11 ... 8 A1
Needwood Hill WS13 ... 12 A1
Nelson Dr WS12 ... 8 C2
Nether Beacon WS13 ... 12 A1
Nether La WS7 ... 19 E4
Netherbridge Ave WS14 ... 21 F4
Netherstowe WS13 ... 12 B1
Netherstowe High Sch
WS13 ... 12 A1
Netherstowe La WS13 ... 12 B1
New Hayes Rd WS12 ... 9 E2
New Homage Gdns WV9 ... 14 A1
New Horse Rd WS6 ... 16 C2
New Penkridge Rd WS11 ... 7 E1
New Rd Burntwood WS7 ... 19 D3
Featherstone WV10 ... 14 C1
New St
Burntwood, Chase Terrace
WS7 ... 18 C4
Burntwood, Chasetown WS7 ... 18 C3
Cannock, Bridgtown WS11 ... 16 B3
Cannock, Hill Top WS12 ... 8 B2
Cannock, Mill Green WS11 ... 16 C4
Great Wyrley WS6 ... 17 D1
Newbury Cl WS6 ... 16 C1
Newcomen Cl WS7 ... 19 E4
Newgate St WS7 ... 19 D3
Newhall Cres WS11 ... 8 A2
Newhall Gdns WS11 ... 7 F1
Newhall St WS11 ... 7 E1
Newlands Ct WS11 ... 17 F4
Newlands La Colton WS15 ... 3 E4
Newlands WS15 ... 3 F4
Norton Canes WS11 ... 17 E4
Newlyn Cl WS14 ... 21 E4
Newman Gr WS15 ... 4 C4
Newton Rd WS13 ... 11 F1
Newton's College WS13 ... 21 D4
Nicholls Way WS12 ... 8 C1
Nightingale Cl WS12 ... 7 E4
Nirvana Cl WS11 ... 7 E1
No Name Rd WS7 ... 18 C4
Nook The WS6 ... 16 B1
Norfolk Gr WS6 ... 16 C1
Norman Rd ST19 ... 6 A4
North St Burntwood WS7 ... 9 F1
Cannock WS11 ... 16 C3
Northcote Cl ST18 ... 1 F4
Norton Canes High Sch
WS11 ... 18 A4
Norton Canes Prim Sch
WS11 ... 18 A3
Norton Grange WS11 ... 17 F2
Norton Grange Cres WS11 ... 17 F2
Norton Green La WS11 ... 17 F2
Norton Hall La WS11 ... 17 E2
Norton La Burntwood WS7 ... 19 E3
Great Wyrley WS6 ... 17 D2
Norton Canes WS11 ... 17 D4
Norton Rd WS11 ... 17 F4
Norton Springs WS11 ... 17 F3
Norton Terr WS11 ... 17 F3
Norwich Cl WS13 ... 12 B2
Nurseries The WV9 ... 14 A1
Nursery Croft WS13 ... 11 F1
Nursery Fields Prim Sch
WS15 ... 5 D3
Nursery Rd WS15 ... 5 D3
Nuthurst Dr WS11 ... 16 C2

Oak Ave Great Wyrley WS6 ... 17 D1
Huntington WS12 ... 7 E4
Oak La Burntwood WS7 ... 10 A1
Cheslyn Hay WS11 ... 15 E4
Oakdene Rd WS7 ... 19 D3
Oaken Gdns WS7 ... 19 D4
Oakenfield WS13 ... 12 A1
Oakenhayes Cres WS8 ... 18 C1
Oakenhayes Dr WS8 ... 18 C1
Oakfield Cl WS15 ... 2 A1
Oakhill Rd WS11 ... 7 F1
Oakhurst WS14 ... 21 E4
Oakhurst Pk WS15 ... 4 C3
Oaklands Cl Alrewas WS13 ... 13 E3
Huntington WS12 ... 7 E3
Oaklands Ind Est WS12 ... 8 A2
Oaklands The WS15 ... 2 B1
Oakleigh Dr WS15 ... 5 D3
Oakley Cl WS13 ... 12 A1
Oakridge Dr WS6 ... 16 C1
Oaks Dr Cannock WS11 ... 16 C1
Featherstone WV10 ... 14 C1
Oakshaw Cl WV9 ... 14 A2
Oaktree Rd WS15 ... 4 C3
Oakwood WS15 ... 2 A1
Oakwoods WS11 ... 16 B4
Oatfield Cl WS7 ... 19 D2
Odin Cl WS11 ... 8 A3
Ogley Hay Rd
Burntwood, Boney Hay WS7 ... 10 A1
Burntwood, Triangle WS7 ... 19 D2
Old Cannock Rd WV10 ... 15 E1
Old Castle Gr WS8 ... 18 C1
Old Chancel Rd WS15 ... 2 C1
Old Eaton Rd WS15 ... 2 C2
Old Fallow Ave WS11 ... 7 F2
Old Fallow Rd WS11 ... 7 F2
Old Falls Cl WS6 ... 16 B2
Old Hall La Alrewas WS13 ... 13 E4
Norton Canes WS11 ... 17 D4
Old Hednesford Rd
WS11, WS12 ... 8 A2
Old London Rd WS14 ... 21 E1
Old Park Rd WS12 ... 9 D3
Old Penkridge Rd WS11 ... 7 E1
Old Stafford Rd WV10 ... 14 B2
Old Station Rd WV9 ... 14 B1
Olde Hall La WS6 ... 16 C2
Oldham Cotts WS15 ... 3 D3
Orbital Way WS11 ... 16 C3
Orchard Ave WS11 ... 7 E1
Orchard Cl Brewood WV9 ... 14 A1
Cheslyn Hay WS6 ... 16 C2
Lichfield WS13 ... 11 F1
Rugeley WS15 ... 2 C2
Orchard La WV10 ... 15 E2
Orchard The ST18 ... 1 E4
Oregon Gdns WS7 ... 18 C4
Oriel Cl WS11 ... 16 C4
Orion Cl WS6 ... 16 C1
Orion Way WS11 ... 7 F3
Osprey Gr WS12 ... 8 B1
Otherton La ST19 ... 6 A4
Otterburn Cl WS12 ... 8 C1
Overhill Rd WS7 ... 19 D3
Overland Cl WS15 ... 5 D3
Overton La WS7 ... 19 E3
Owens Cl WS15 ... 2 C1
Oxford Cl WS6 ... 16 C2
Oxford Gn WS11 ... 16 C4
Oxford Rd WS11 ... 16 C4
Oxley Cl WS6 ... 16 C1

Padbury La WS7 ... 10 B1
Paddock La WS6 ... 17 D2
Paddock The
Brewood WV9 ... 14 A1
Lichfield WS14 ... 21 E3
Paget Cl ST19 ... 6 A4
Paget Dr WS7 ... 9 F1
Parade The WS8 ... 18 C1
Paradise La WV10 ... 14 C1
Parchments The WS13 ... 12 A1
Park Ave Burntwood WS7 ... 19 D3
Norton Canes WS11 ... 18 A3
Park Cl WS6 ... 16 C2
Park End WS14 ... 21 F4
Park Gate Rd WS15 ... 9 F3
Park Hall Cl WS15 ... 2 B2
Park La Colton WS15 ... 3 D4
Great Wyrley WS6 ... 17 D2
Park Prim Sch WS7 ... 19 D3
Park Rd
Burntwood, Chase Terrace
WS7 ... 18 C4
Burntwood, Triangle WS7 ... 19 D3
Cannock WS11 ... 7 E1
Norton Canes WS11 ... 18 A3
Park St Cannock WS11 ... 16 C3
Cheslyn Hay WS6 ... 16 C2
Park Venture Ctr WS11 ... 16 C3
Park View Terr WS15 ... 2 B1
Parkers Ct WV9 ... 14 B1
Parkhill Rd WS7 ... 19 D4
Parkside La WS11 ... 7 D1
Parkview Dr WS8 ... 18 C1
Parson's Croft WV9 ... 14 A1
Partridge Cl WS12 ... 7 E4
Partridge Croft WS13 ... 21 E4
Paskin Cl WS13 ... 13 E4
Passfield Ave WS12 ... 8 B4
Pasture Gate WS11 ... 7 E1
Patterdale Rd WS11 ... 8 A2
Pauls Wlk WS13 ... 12 A2
Pavior's Rd WS7 ... 18 C2
Peace Cl WS6 ... 16 C2
Peakes Rd WS15 ... 2 A1
Pear Tree Cl WS12 ... 7 E4
Pear Tree Cty Prim Sch
WS15 ... 4 C4
Pear Tree La WS8 ... 18 B1
Pebble Mill Cl WS11 ... 7 F1
Pebble Mill Dr WS11 ... 8 A1
Peel Dr WS12 ... 7 F4
Pendle Hill WS12 ... 8 B2
Penk Dr WS7 ... 19 E3
Penk Dr N WS15 ... 2 B1
Penk Dr S WS15 ... 2 B1
Penkridge Bank WS15 ... 4 A4
Penkridge L Ctr ST19 ... 6 A4
Penn Croft ST18 ... 1 E4
Pennine Dr WS11 ... 7 F1
Penny Cress Gn WS11 ... 17 F2
Pennys Croft WS13 ... 12 C1
Pentire Rd WS14 ... 21 E3
Peter's La WS7 ... 20 A3
Peterborough Dr WS12 ... 8 B1
Peters Wlk WS13 ... 12 A1
Petersfield WS11 ... 7 F2
Philip Gr WS11 ... 7 F3
Phoenix Cl WS15 ... 2 C1
Phoenix Ctr WS11 ... 16 C3
Phoenix Rd WS11 ... 8 A1
Picasso Cl WS11 ... 8 B1
Pillaton Dr WS12 ... 7 E3
Pine Cl WS11 ... 16 C2
Pine Gr WS7 ... 18 C3
Pine View WS15 ... 2 B2
Pines Park Mobile Homes
The WS12 ... 7 E3
Pines The WS14 ... 21 F4
Pineside Ave WS15 ... 9 F3
Pinewood Ave WS11 ... 7 E2
Pinewood Cl WS8 ... 18 C1
Pinewood Dr ST18 ... 1 E4
Pinfold La Cheslyn Hay WS6 ... 16 B1
Norton Canes WS11 ... 17 F2
Pinfold Rd WS13 ... 11 F1
Pingle La WS7 ... 19 E3
Pingle The WS15 ... 4 A4
Pipers Croft WS13 ... 12 A1
Plant La WS7 ... 18 C4
Platt St WS11 ... 8 A3

26 Plo – Tre

Ploughmans Wlk WS13 12 B2
Plovers Rise WS15 2 B1
Ponesfield Rd WS13 12 A1
Ponesgreen WS13 12 A1
Pool Ave WS11 18 A3
Pool Cl WV10 15 E1
Pool Cres WS8 18 B1
Pool La WS7 18 C2
Pool Meadow WS6 16 B1
Pool Meadow Cl WS15 4 B4
Pool Rd Brownhills WS8 18 C1
Burntwood WS7 18 C2
Pool View WS11 17 D2
Poole's Way WS7 19 E4
Pope Gr WS12 7 F3
Poplar Ave Burntwood WS7 18 C3
Cannock WS11 7 F2
Poplar La Cannock WS11 7 D1
Huntingdon WS11 16 A4
Poplar Rd WS6 17 D1
Poplar St WS11 18 A3
Poplars Farm Way WV9 14 A1
Poplars The WS11 7 F2
Portland Pl WS11 16 B4
Portobello WS15 2 C1
Post Office La WS15 4 A4
Power Station Rd WS15 2 C1
Power Station Road Ind Est WS15 2 C1
Price St WS11 7 F1
Primrose Meadow WS11 8 B1
Prince Rupert's Way WS13 21 D4
Prince St WS11 7 F3
Princess Cl WS7 18 C4
Princess St Burntwood WS7 18 C4
Cannock WS11 7 F3
Priory Dr ST18 1 E4
Priory Rd Cannock WS12 8 B2
Rugeley WS15 5 D3
Progress Dr WS11 16 C4
Prospect Dr WS13 21 F4
Prospect Manor Ct WS12 8 B2
Prospect Pk WS11 16 B4
Prospect Rd WS7 19 D3
Pump La WS15 2 B2
Purcell Ave WS13 12 B1
Pye Green Rd WS11 7 F2
Pye Green Valley Prim Sch WS12 8 A4

Quarry Cl Cheslyn Hay WS6 16 C2
Rugeley WS15 4 A4
Quarry Hills La WS14 21 E3
Queen St Burntwood WS7 18 C3
Cannock WS11 7 E1
Cannock, High Town WS11 8 A3
Cheslyn Hay WS6 16 B2
Lichfield WS13 21 D4
Rugeley WS15 4 C4
Queen's Croft Specl Sch WS13 21 D4
Queens Dr WS7 18 C3
Queens Rd WV10 15 D3
Queens Sq WS11 7 E1
Queensway WS15 4 C4

Radmore Cl WS7 18 B4
Radnor Rise WS12 8 A2
Railway Cotts WS15 5 D3
Railway La WS7 9 F1
Railway St Cannock WS11 16 C4
Norton Canes WS11 18 A3
Rake End Ct WS15 3 F1
Rake Hill WS7 19 D4
Ramillies Cres WS6 16 C1
Ranger's Wlk WS15 2 A1
Ranton Park Area 3 WS11 8 A1
Raven Cl Cannock WS12 8 C2
Cheslyn Hay WS6 16 B1
Huntington WS12 7 E4
Ravenhill Cl WS15 4 C3
Ravenhill Cty Prim Sch WS15 4 C3
Ravenhill Terr WS15 4 C4
Ravenslea Rd WS15 4 C3
Rawnsley Rd WS12 8 C4
Rectory La WS15 5 F2
Red Lion Ave WS11 18 A2
Red Lion Cres WS11 18 A2
Red Lion La WS11 18 A2
Redbrook Cl WS12 8 B1
Redbrook La WS15 4 C3
Redfern Dr WS7 19 D3
Redhill Prim Sch WS11 7 F2
Redhill Rd WS11 7 F2
Redlock Field WS14 21 D3
Redmond Cl WS15 2 B1
Redmoor Rd WS15 9 F2
Redwing Cl WS7 19 E3
Redwing Dr WS12 7 E4
Redwood Dr
Burntwood WS7 18 C4
Cannock WS11 8 A2
Reeve La WS13 21 D4
Regency Ct WS15 5 D3
Rembrandt Cl WS11 8 B1
Remington Dr WS11 16 C4
Repton Cl WS11 16 A4
Reservoir Rd WS12 8 B2
Richard Ct WS11 17 F3
Richmond Cl WS11 8 A3
Richmond Dr WS14 21 E4
Rider's Way WS15 2 A1
Ridgeway Prim Sch WS7 19 D3
Ridgeway The WS7 19 D2
Ridings Brook Dr WS11 8 A1
Rigby Dr WS11 7 F2
Rimbach Dr ST18 1 E4
Ring Rd WS7 18 B4
Ring The ST18 1 E4
Ringway WS11 7 F1
Ringway Ind Est WS13 12 B2
Rise The WS15 4 C3
Rishworth Ave WS15 2 C1
Riverside Ind Est WS15 2 C1
Riverside Way WV9 14 A1
Robin Cl WS12 7 E4
Robins Cl WS6 16 B1
Robins Rd WS7 18 C4
Robinson Rd WS7 18 C4
Roche The WS7 20 A4
Rochester Ave WS7 19 D4
Rochester Way WS12 8 B1
Rocklands Cres WS13 12 B1
Rocklands Specl Sch WS13 21 E4
Roddige La WS13 13 F4
Rokholt Cres WS11 7 E1
Roman Cl WS8 18 C1
Roman Rd WV9 14 A2
Roman View WS11 16 C3
Roman Way WS14 21 E4
Roman Wlk WS14 20 B1
Romilly Cl WS14 21 F4
Rose Bay Meadow WS11 8 B1
Rose La WS7 19 E4
Rose Way WS15 2 B1
Rosehill WS12 7 F4
Rosemary Ave WS6 16 B2
Rosemary Dr WS12 7 E3
Rosemary Rd WS11 16 B2
Rosewood Pk WS6 16 B1
Rothbury Gn WS12 8 C1
Rotten Row WS14 21 E4
Roundhill Way WS8 19 D1
Rowan Cl WS14 21 E4
Rowan Gr WS7 18 C4
Rowan Rd WS11 7 E1
Rowley Cl Cannock WS12 8 A4
Rugeley WS15 5 D3
Rugeley Rd Armitage WS15 5 E3
Burntwood WS7 19 E4
Cannock, Hazelslade WS12 9 D4
Cannock, Hednesford WS12 8 B4
Rugeley Town Sta SW15 4 C4
Rugeley Trent Valley Sta WS15 2 C2
Rumer Hill Bsns Est WS11 16 C4
Rumer Hill Rd WS11 16 C4
Running Hills WS15 5 F2
Russett Cl WS7 19 D3
Rutherglen Cl WS15 2 B1
Rutland Ave WS15 4 B3
Rutland Rd WS12 8 C1
Rydal Cl WS12 8 A4
Ryecroft Dr WS7 19 D4
Ryecroft Sh Ctr WS7 19 D4
Rykneld St WS13 13 F4
Ryknild St WS14 21 F3

St Aidan's Rd WS11 7 F3
St Andrew Cl WS12 9 D3
St Anne's Cl WS7 18 C2
St Annes Rd WS13 12 A2
St Anthonys Cl WS15 4 C4
St Augustine's Rd WS15 4 C3
St Bedes Sch WS15 2 A3
St Benedict's Dr ST18 1 E4
St Benedict's Rd WS7 19 D3
St Bernards Cl WS12 9 E2
St Catherines Rd WS13 12 A2
St Chad's Cl Cannock WS11 8 A2
Lichfield WS13 12 A1
St Chad's Rd WS13 12 B1
St Chad's Stowe CE Prim Sch WS13 21 E4
St Chads Cl ST18 1 E4
St Christopher Cl WS12 9 D3
St David Cl WS12 9 D3
St Edwards Gn WS15 4 C4
St Francis Cl WS12 9 D3
St George Dr WS12 9 D3
St Giles Rd WS7 19 D3
St Helens Rd WS13 12 A2
St James Rd Cannock WS11 7 E1
Norton Canes WS11 18 A3
St John St WS13 21 D4
St John's Cl Cannock WS11 16 B4
Lichfield WS13 21 D3
St John's Ct WS12 8 C1
St John's Rd WS11 16 C4
St Johns Cl WS15 4 B4
St Johns Prep Sch WS13 21 D4
St Joseph's Prim Sch WS15 4 C4
St Joseph's RC Prim Sch
Cannock WS12 8 B2
Lichfield WS14 21 E4
St Joseph's & St Theresa's RC Prim Sch WS7 18 C3
St Lawrence Dr WS11 8 A1
St Luke's Cl WS11 16 B4
St Luke's Rd WS7 19 E3
St Margarets Rd WS13 12 A2
St Mark's Rd WS7 19 E3
St Marks Cl WS6 16 C2
St Mary & St Chad's Cath WS13 21 D4
St Mary's CE Prim Sch WS15 2 C3
St Mary's RC Prim Sch WS11 16 C4
St Mary's Rd Colwich ST18 1 E4
Lichfield WS13 12 A2
St Marys Cl WV10 15 E1
St Mathew Cl WS12 9 D3
St Matthew's Ave WS7 19 F4
St Matthew's Rd WS7 19 F4
St Michael Rd WS13 21 E4
St Michael's CE Prim Sch WS14 21 E4
St Michael's Dr WS15 5 D3
St Michael's Hospl WS13 21 E4
St Michael's Rd WS15 5 D3
St Michaels Dr WS12 9 D3
St Modwena Way ST19 6 A4
St Patrick Cl WS12 9 D3
St Paul's CE Fst Sch WV9 14 B2
St Paul's Cl Brewood WV9 14 B1
Cannock WS11 8 A1
St Paul's Rd
Burntwood WS7 19 E3
Cannock WS12 8 C2
St Pauls Rd WS15 4 C4
St Peter & St Paul RC Prim Sch WS13 12 A1
St Peter's Rd
Burntwood WS7 19 E3
Cannock WS12 8 B2
St Stephen's Rd WS7 19 E3
St Stephens Prim Sch WS13 13 E4
St Thomas Dr WS12 9 D3
St Thomas More RC Prim Sch WS11 17 D2
Salcombe Cl WS11 16 A4
Sale La WS13 13 D4
Salisbury Cl WS13 12 B2
Salisbury Dr WS12 8 A1
Salop Dr WS11 16 C4
Sam Barber Ct WS12 8 C1
Samuel Cl WS13 12 B1
Sanderling Rise WS7 19 D4
Sandford St WS13 21 D4
Sandown Ave WS6 16 C2
Sandown Cl Burntwood WS7 9 F1
Cannock WS12 9 D3
Sandpiper Cl WS12 8 B4
Sandringham Cl WS7 9 F1
Sandy La Cannock WS11 7 D1
Rugeley WS15 4 C4
Sankey Cres WS15 4 C4
Sankey Rd WS11 7 F2
Sankey's Cnr WS7 18 C4
Sapphire Dr WS11 8 B2
Sarah Challinor Cl WS15 4 C4
Saredon Rd
Cheslyn Hay WS6 16 A2
Shareshill WV10 15 E1
Saturn Rd WS11 8 A3
Saunders Cl WS12 9 D3
Saxon Cl WS6 17 D1
Saxon Hill Specl Sch WS14 21 E3
Saxon Rd ST19 6 A4
Saxon Wlk WS13 20 C4
School Cl Burntwood WS7 18 B4
Norton Canes WS11 18 A3
School Cres WS11 18 A3
School La Brewood WV9 14 A2
Burntwood WS7 18 B4
Colton WS15 2 C3
Longdon WS15 10 A3
Norton Canes WS3 17 F1
Shareshill WV10 15 E1
School Rd WS11 18 A3
School Wlk WS7 18 B4
Scotch Orch WS13 12 B1
Scotch Orchard Prim Sch WS13 12 B1
Scotia Rd WS11 7 E2
Scott Cl WS14 21 D3
Scott St WS12 8 C2
Scott Way WS7 9 F1
Seabrook Rd WS15 5 D3
Seckham Rd WS13 21 D4
Second Ave WS8 19 D1
Sedgemoor Ave WS7 19 D3
Seedymill La WS13 11 F4
Setterfield Way WS15 4 C3
Sevens Rd WS12 9 E2
Severn Dr Brownhills WS8 18 B1
Burntwood WS7 19 E3
Seward Cl WS14 21 E3
Seymour Cl WS6 16 B1
Shaftesbury Dr WS12 8 B4
Shaftsbury Rd WS15 4 C3
Shakespeare Ave WS14 21 D3
Shakespeare Gr WS11 7 E2
Shakespeare Rd WS7 18 C4
Shanklin Cl WS6 17 D2
Shannon Dr WS8 18 B1
Shannon Wlk WS8 18 B1
Sharnbrook Dr WS15 2 B1
Sharon Way WS12 8 B2
Shaver's La WS15 5 D1
Shaw Cl WS13 13 E4
Shaw Dr WS7 10 A1
Shaw La Lichfield WS13 21 D4
Longdon WS15 10 A2
Shaw's La WS6 17 D1
Sheep Fair WS15 2 C1
Shelley Cl ST18 1 E4
Shelley Rd Burntwood WS7 10 A1
Cannock WS11 7 F3
Shepherd Cl WS13 12 B2
Sheraton Cl WS12 8 A4
Sherbourne Ave WS12 8 C2
Sherbrook Rd WS11 7 E1
Sheriffs Cl WS14 21 F3
Sheringham Dr WS15 2 A1
Sherracop La WS15 3 D4
Sherwood Dr WS11 8 A2
Shirehall Pl WS11 8 A1
Shirelea Cl WS7 19 D4
Shoal Hill Cl WS11 7 D1
Shooting Butts Rd WS15 4 A4
Short La WS6 16 C2
Short St WS11 7 F2
Shortbutts La WS14 21 D3
Shrubbery The WS15 5 D3
Shugborough Cotts ST18 1 E4
Shugborough Farm Mus ST18 1 D4
Shugborough Rd WS15 2 B2
Shugborough Way WS11 8 B1
Siddons Cl WS13 11 F1
Sidings The WS12 8 B4
Sidon Hill Way WS11 8 B1
Silver Birch Rd
Huntington WS12 7 E4
Norton Canes WS11 18 A3
Silver Fir Cl WS12 8 A4
Simcox St WS12 8 B2
Simpson Rd WS13 12 A1
Siskin Cl WS7 19 E3
Skipton Pl WS11 16 A4
Skylark Cl WS12 7 E4
Slade Ave WS7 19 D4
Slade View Rise WS12 9 D3
Slang La WS15 9 F3
Slitting Mill Rd WS15 4 A4
Smalley Cl WS11 8 A3
Smallridge WS13 11 F1
Smillie Pl WS11 7 F2
Smith's Cl WS7 18 B4
Smithfield Rise WS13 21 E4
Smithy La Lichfield WS13 12 A1
Longdon WS15 10 C4
Sneydlands WS15 2 C1
Snowdon Rd WS11 7 F3
Somerford Cl
Brewood WV9 14 A1
Great Wyrley WS6 16 C1
Somerset Ave WS15 4 B3
Somerset Pl WS11 7 F2
South Cl WS11 16 B4
South Staffordshire Bsns Pk WS11 16 B2
Southbourne Pl WS11 7 E1
Southern Cross WS14 21 E4
Southfield Way WS6 16 C1
Southgate WS11 16 A4
Southgate End WS11 16 A4
Southwark Cl WS13 12 B2
Sparrow Cl ST18 1 E4
Spearhill WS14 21 F4
Speechley Dr WS15 2 B1
Speedy Cl WS11 7 F3
Spencer Rd WS14 21 D3
Spindlewood Cl WS11 8 B1
Spinney Cl Burntwood WS7 10 A1
Norton Canes WS11 17 F3
Spinney Farm Rd WS11 16 A4
Spinney La WS7 9 F1
Spires Croft WV10 15 E1
Spires The WS14 21 F3
Splash La WS12 8 B2
Spode Pl WS11 8 A1
Spring Meadow WS6 16 B1
Spring Rd WS13 12 C4
Spring St WS11 16 C4
Springfield Ave WS15 4 C4
Springfield Rise WS12 8 B3
Springfields Rd WS15 2 B2
Springhill Prim Sch WS7 19 D3
Springhill Rd WS7 19 D3
Springhill Terr WS15 4 C4
Springle Styche La WS7 10 B1
Springvale Prim Sch WS11 16 C4
Spruce Wlk WS15 2 B2
Squirel's Hollow WS7 10 A1
Squires Gate WS7 19 E4
Squirrel Cl Cannock WS12 8 B1
Huntington WS12 7 E3
Stable La WV10 15 D4
Stafford Brook Rd WS15 1 F1
Stafford La WS12 8 A3
Stafford Rd Brewood WV10 14 B3
Cannock WS11 7 E1
Cannock, Huntington WS12 7 E3
Huntington WS12 7 E3
Lichfield WS13 11 F1
Stafford St WS12 8 C1
Stag Cl WS15 2 A1
Stag Cres WS11 18 A3
Stag Dr WS12 7 E3
Stagborough Way WS12 8 A2
Staley Croft WS12 7 E2
Stamford Cres WS7 19 D4
Stanley Rd WS12 8 A3
Stapleford Gdns WS7 19 E3
Startley La Longdon WS15 4 C1
Rugeley WS15 4 C1
Statfold La WS13 13 E4
Station Dr WV10 14 B3
Station Rd Burntwood WS7 19 F2
Cannock WS12 8 B3
Great Wyrley WS6 16 C2
Lichfield WS13 21 D4
Penkridge ST19 14 B3
Rugeley WS15 2 C1
Station St WS6 16 C2
Stephens Wlk WS13 12 A1
Stevens Dr WS12 8 B3
Stevenson Wlk WS14 21 D3
Stile Cl WS15 4 C3
Stile Cop Rd WS15 4 B2
Stirling Pl WS11 16 A4
Stockford La WS13 13 F1
Stockhay La WS7 19 E3
Stockings La WS15 5 E1
Stoke's La WS11 17 F4
Stone Pine Cl WS12 7 F4
Stonehouse Rd WS15 2 A1
Stoney Croft WS11 7 F1
Stoney Lea Rd WS11 7 F1
Stoneyfields Cl WS11 7 F1
Stoneywell La WS15 11 D3
Stonyford La Colton WS15 3 F2
Hill Ridware WS15 3 F2
Stour Cl WS7 19 E3
Stowe Hill Gdns WS13 12 B1
Stowe Rd WS13 21 E4
Stowe St WS13 21 E4
Stowecroft WS13 12 B1
Straight Mile WV10 15 D3
Stratford Way WS11 7 F3
Strathmore Pl WS11 7 F1
Streets La WS6 16 C1
Stringers Hill WS12 8 B4
Sturgeon's Hill WS14 21 E4
Stychbrook Gdns WS13 12 A1
Sullivan Way WS13 12 B1
Sullivan Wlk WS13 12 B1
Sumbeam Dr WS6 16 C2
Summer Gr WS13 12 B1
Summerfield Rd WS7 19 D3
Summerside Ave WS12 9 E2
Sunbury Ave WS14 21 F4
Sunfield Rd WS11 7 D1
Sunley Dr WS12 8 B4
Sunnymead Rd WS7 10 A1
Sunrise Hill WS12 8 A3
Sunset Cl Brewood WV9 14 A2
Great Wyrley WS6 16 C2
Surrey Cl Cannock WS11 16 C4
Rugeley WS15 4 B3
Sussex Dr WS12 8 A3
Sutherland Rd WS6 16 C1
Sutton Cl WS15 4 C3
Swallow Cl Huntington WS12 7 E4
Rugeley WS15 2 B1
Swallow Croft WS13 12 A1
Swallowfields Dr WS12 8 A2
Swan Cl Cheslyn Hay WS6 16 B1
Longdon WS15 5 F1
Rugeley WS15 5 D3
Swan Corner Sh Ctr WS7 19 E3
Swan La WV10 15 E1
Swan Mews WS13 21 D4
Swan Rd WS13 21 D4
Swanfields WS7 19 E3
Swinfen Broun Rd WS13 21 D4
Sycamore Cres WS15 5 D3
Sycamore Gn WS11 7 F3
Sycamore Hill WS15 9 F3
Sycamore Rd
Burntwood WS7 18 C4
Cannock WS12 8 C2
Sycamore Way WS12 7 E4
Sycamores The WS14 21 D3

Talbot Rd WS15 4 C3
Talbot St WS15 4 C4
Tamar Cl WS8 18 B1
Tame Ave WS7 19 E3
Tame Gr WS11 16 B4
Tamworth Cl WS8 18 C1
Tamworth Rd WS14 21 F3
Tamworth St WS13 21 D4
Tannery Cl WS15 2 C1
Tanyard WS13 21 E4
Taplow Pl WS11 7 F2
Taylor's La WS15 2 C1
Tean Cl WS7 19 E3
Teddesley Ct WS11 7 F2
Teddesley Way WS12 7 E3
Telford Ave WS6 16 C2
Telford Cl WS7 19 D4
Telford Gr WS12 8 A4
Tennscore Ave WS6 16 C2
Tennyson Ave WS7 10 A1
Terry Cl WS13 11 F1
Tewnals La WS13 11 F3
Third Ave WS8 19 D1
Thirlmere Cl WS11 7 F1
Thistle Cl WS15 2 B1
Thistledown Ave WS7 19 D3
Thistledown Dr WS11 8 B1
Thistley Nook WS13 12 A1
Thomas Greenway WS13 12 A1
Thompson Rd WS15 5 D3
Thor Cl WS11 8 A3
Thorn Cl WS15 5 D4
Thornfield Cres WS7 19 D4
Thornhill Rd WS12 7 F4
Thorpe Ave WS7 18 B4
Thorpe Cl WS7 18 B4
Thorpe St WS7 18 B4
Three Spires Sh Ctr WS13 21 D4
Titan Way WS13 21 F4
Tithebarn Rd WS15 2 C1
Tower View Rd WS6 16 C1
Townfields WS13 21 D4
Toy Cl WS15 2 B1
Trafalgar Cl WS12 8 C2
Tranter Cres WS11 8 A2
Travellers Cl WS7 19 D3
Tregony Rise WS14 21 E3
Trenance Cl WS14 21 E4
Trent Cl WS7 19 E3
Trent Rd WS11 7 F3
Trent Valley Cotts WS13 12 C1

Trent Valley Rd
WS13, WS14 .... 21 E4
Trent Valley Trad Est
WS15 .... 2 C2
Trent View Cl WS15 .... 5 D4
Trentham Cl WS11 .... 8 A1
Trevithick Cl WS7 .... 19 E4
Trevor Ave WS6 .... 17 D2
Trinity Cl WS11 .... 16 C4
Triton Cl WS6 .... 16 C1
Trubshaw Cl ST18 .... 1 F4
Truro Cl WS13 .... 12 A2
Truro Pl WS11 .... 17 E4
Tudor Cl Burntwood WS7 ...... 19 D3
  Cheslyn Hay WS6 .... 16 C2
  Lichfield WS14 .... 21 F3
Tudor Rd
  Burntwood WS7 .... 19 E3
  Cannock WS12 .... 7 E4
Tudor Way WS6 .... 16 B1
Tunnicliffe Dr WS15 .... 2 B1
Turner Cl WS11 .... 8 B1
Turner Croft WS13 .... 13 E4
Turquoise Gr WS11 .... 8 B2
Tutbury Cl WS11 .... 8 B2
Tyne Cl WS8 .... 18 B1

Ullswater Pl WS11 .... 7 F1
Ulster Cl WS11 .... 8 A2
Union St Burntwood WS7 ..... 18 C3
  Cannock WS11 .... 16 C3
Upfield Way WS15 .... 2 B1
Uplands Cl WS15 .... 9 F3
Uplands Gn WS15 .... 4 B3
Upper Brook St WS15 .... 4 C4
Upper Cross Rd WS15 .... 4 C4
Upper Landywood La
WS6 .... 16 B1
Upper Lodge Rd WS15 .... 5 F2
Upper St John St WS14 .... 21 D3
Upper Way WS15 .... 5 D1
Upton Pl WS15 .... 2 B1
Uttoxeter Rd WS15 .... 3 F1
Uxbridge Ct
  Burntwood WS7 .... 18 C3
  Cannock WS12 .... 8 B3
Uxbridge St WS12 .... 8 B2

Vale Cl WS13 .... 12 A1
Valley Gn WS6 .... 16 C1
Valley La WS13 .... 21 E4
Valley Rd
  Cannock, Hazelslade WS12 ... 9 D3
  Cannock, Hednesford WS12 ... 8 B3
Van Gogh Cl WS11 .... 8 B1
Varden Ct WS15 .... 2 C1
Verdi Ct WS13 .... 12 B1
Verdon Cl ST19 .... 6 A4
Vermont Gn WS11 .... 8 A2
Vernons Pl WV10 .... 15 E1
Vicar's Cl WS13 .... 21 D4

Vicarage Rd
  Cheslyn Hay WV10 .... 15 D4
  Penkridge WV10 .... 14 C4
Vicars Croft WS15 .... 2 C1
Victoria Gdns WS13 .... 20 C4
Victoria Hospl WS13 .... 21 D3
Victoria St Cannock WS11 .... 16 B4
  Cannock, Chadsmoor WS11 ... 7 F2
  Cannock, Hednesford WS12 ... 8 B3
Victory Ave WS7 .... 18 C4
Victory Cl WS12 .... 8 C2
View St WS14 .... 7 F3
Viewfield Ave WS12 .... 7 F4
Villa Cl WV10 .... 15 E1
Vine La WS11 .... 16 B3
Viscount Rd WS7 .... 9 F1
Voyager Dr WS11 .... 16 C3
Vulcan Rd WS13 .... 12 C1

Wade Cl WS15 .... 5 F4
Wade La WS15 .... 5 F4
Wade St WS13 .... 21 D4
Walhouse CE Jun Sch
WS11 .... 7 E1
Walhouse St WS11 .... 16 C4
Walkers Croft WS13 .... 12 B1
Walkers Rise WS12 .... 8 B4
Walkmill Bsns Pk WS11 .... 16 B3
Walkmill La WS11 .... 16 B3
Walkmill Way WS11 .... 16 B3
Wall La WS14 .... 20 B2
Wallace Cl WS11 .... 17 F3
Wallace St WS6 .... 16 B1
Walnut Cl WS11 .... 7 F2
Walnut Ct WS15 .... 5 D3
Walnut Dr WS11 .... 7 F2
Walnut Gr WS14 .... 21 F4
Walsall Rd
  Cannock WS11 .... 16 C4
  Great Wyrley WS6 .... 17 D1
  Lichfield WS13 .... 20 B3
  Norton Canes WS11 .... 17 F2
  Wall WS13 .... 20 B3
Ward St WS12 .... 7 F3
Wardle Pl WS11 .... 7 F3
Wardles La WS6 .... 16 C1
Warren Cl Cannock WS12 ...... 9 D3
  Lichfield WS14 .... 21 F4
Warren Rd WS7 .... 19 D3
Warston Rd WS6 .... 16 A1
Warwick Ct WS11 .... 16 C4
Washbrook La WS11 .... 17 E3
Wat Tyler Cl WS15 .... 2 B2
Water St WS7 .... 18 C4
Waterloo Bvd WS12 .... 8 C2
Watermint Cl WS12 .... 8 C2
Waterside WS15 .... 4 C3
Waterside Way WS8 .... 18 B1
Watersmead Cl WS12 .... 8 C2
Watery La WS13 .... 12 B2
Watkiss Dr WS15 .... 2 B1

Watling St Brownhills WS8 .... 18 B1
  Cannock WS11 .... 16 B3
  Great Wyrley WS11 .... 16 B3
  Norton Canes WS11 .... 17 E2
Watling Street
  Jun Mix Inf Sch WS8 .... 18 C1
Watson Cl WS15 .... 2 B2
Wattfield Cl WS15 .... 5 D3
Waveney Gr WS11 .... 7 D1
Waverley Gdns WS15 .... 2 A1
Weaving Gdns WS11 .... 7 F1
Webster Wlk WS11 .... 8 A2
Wedgewood Cl WS7 .... 19 E4
Well La WS6 .... 17 D1
Wellfield Cl WS11 .... 16 A4
Wellington Cres WS13 .... 13 D2
Wellington Dr
  Cannock WS11 .... 16 A4
  Rugeley WS15 .... 4 C4
Wells Cl WS11 .... 7 F3
Wentworth Cl WS7 .... 19 E4
Wentworth Dr WS14 .... 21 E3
Wesley Ave WS6 .... 16 B2
Wesley Cl WS7 .... 9 F1
Wesley Pl WS12 .... 8 B4
Wessex Dr WS11 .... 7 F1
West Beeches WV9 .... 14 A1
West Butts Rd WS15 .... 2 A1
West Hill Ave WS12 .... 8 A3
West Hill Prim Sch WS12 ..... 8 A3
West St WS11 .... 16 C3
Westbourne Ave
  Cannock WS11 .... 7 E2
  Cheslyn Hay WS6 .... 16 C2
Westbourne Cres WS7 .... 19 D4
Western By Pass WS13 .... 11 F1
Western Rd WS12 .... 8 A3
Western Springs Prim Sch
WS15 .... 2 B1
Western Springs Rd WS15 ..... 2 B1
Westfields Rd WS15 .... 5 F2
Westgate WS12 .... 9 D3
Westminster Rd WS11 .... 7 F3
Weston Cl WS11 .... 8 B1
Weston Dr WS6 .... 16 C1
Weston Rd WS13 .... 12 A1
Westwoods Hollow WS7 ..... 19 D4
Wetherall Cl WS15 .... 2 B1
Wharf Cl WS14 .... 21 E4
Wharf La Brownhills WS7 .... 18 C2
  Burntwood WS7 .... 18 C2
Wharf Rd WS15 .... 4 C4
Wharwell La WS6 .... 17 D1
Wheatcroft Cl WS7 .... 19 D3
Wheatlands Cl WS11 .... 8 B1
Wheel La WS13 .... 11 F1
Whinyates Rise WS11 .... 16 C4
Whitby Way WS11 .... 16 B4
White Bark Cl WS12 .... 8 A4
White Horse Rd WS8 .... 18 C1
Whitehouse Cres WS7 .... 19 D4

Whitethorn Cl WS12 .... 8 A4
Whitfield Rd WS12 .... 8 B4
Whitgreave La WS15 .... 4 C3
Whitworth La WS15 .... 2 A1
Wightman Cl WS14 .... 21 F3
Wilcox Ave WS12 .... 8 A4
Wilkin Rd WS8 .... 18 B1
Wilkinson Cl WS7 .... 19 D4
Willett Ave Brownhills WS7 ... 18 C3
  Burntwood WS7 .... 18 C3
William Baxter Specl Sch
WS12 .... 8 A3
William Morris Ct WS15 .... 2 B2
William Morris Gr WS11 .... 7 F2
Williamson Ave WS12 .... 9 E2
Williscroft Pl WS15 .... 5 D3
Willow Ave WS7 .... 19 E3
Willow Cl WV9 .... 14 A1
Willow Wlk WS12 .... 7 E4
Willowherb Cl WS11 .... 8 B1
Willows Prim Sch WS13 ...... 12 A1
Willows The Cannock WS11 ... 7 E1
  Rugeley WS15 .... 5 D3
Willowsmere Dr WS14 .... 21 F4
Willowtree Cl WS13 .... 12 A1
Wilmott Cl WS13 .... 21 D4
Wilson Gr WS11 .... 8 B1
Wiltell Rd WS14 .... 21 D3
Wimblebury Rd WS12 .... 8 C1
Winchester Cl WS13 .... 12 B2
Winchester Rd WS11 .... 8 A2
Windermere Pl WS11 .... 7 F1
Windings The WS13 .... 12 A1
Windmill Bank WS15 .... 10 A3
Windmill Cl WS13 .... 11 F1
Windmill La Lichfield WS13 .. 12 A1
  Longdon WS15 .... 10 A2
Windrush Rd WS11 .... 7 F3
Windsor Cl WS7 .... 9 F1
Windsor Rd WS11 .... 16 C2
Winsor Ave WS12 .... 8 A3
Winstanley Pl WS15 .... 2 B1
Winter Cl WS13 .... 12 B1
Wissage Cl WS15 .... 21 E4
Wissage La WS13 .... 12 B1
Wissage Rd WS13 .... 21 E4
Wolgarston High Sch ST19 ... 6 A4
Wolseley Cl ST17 .... 1 F4
Wolseley Rd Rugeley WS15 ... 2 C2
  Rugeley, Sand & Gravel Quarry
  WS15 .... 1 F1
Wolsey Rd WS13 .... 11 F1
Wolverhampton Rd
  Cannock WS11 .... 16 B4
  Cheslyn Hay WS6 .... 16 A1
  Cheslyn Hay, Wedge's Mills
  WS11 .... 16 A3
Wolverhamton Rd WS11 ..... 16 A3
Wood Ave WV9 .... 14 A2
Wood End La Alrewas WS13 . 13 D3
  King's Bromley WS13 .... 12 A4

Tre – Zio 27

Wood La Cannock WS12 .... 8 B2
  Cheslyn Hay WS11 .... 15 F3
Wood Ridings WS13 .... 12 A1
Wood View WS15 .... 4 C3
Woodcock Rd WS15 .... 2 B1
Woodfield Cl WS11 .... 17 F4
Woodfield Dr WS11 .... 17 F4
Woodfields Dr WS14 .... 21 F3
Woodford Cres WS7 .... 19 D4
Woodford End WS11 .... 7 F2
Woodford Way WS12 .... 8 B1
Woodgreen WS11 .... 16 C3
Woodhaven WS11 .... 16 A3
Woodheyes Lawns WS15 .... 2 B1
Woodhouses La WS7 .... 19 F3
Woodhouses Rd WS7 .... 20 A4
Woodland Cl WS12 .... 8 A4
Woodland Dr WS11 .... 16 C2
Woodland Way WS7 .... 19 D3
Woodland Wlk WS12 .... 7 E2
Woodlands Dr WV9 .... 14 A2
Woodlands La WS11 .... 15 D4
Woodlands The WS13 .... 21 E4
Woodman La WS11 .... 16 C2
Woodpecker Way WS11 .... 8 B2
Woods Croft WS13 .... 12 A1
Woodside Cl ST18 .... 1 E4
Woodside Pl WS11 .... 7 F3
Woodstock Dr WS12 .... 7 E4
Woodthorne Cl WS15 .... 2 B1
Woody Bank WS6 .... 16 C1
Wootton Cl WS11 .... 8 A1
Woottons Ct WS11 .... 7 F1
Worcester Cl
  Cannock WS11 .... 16 C4
  Lichfield WS13 .... 12 B2
Wordsworth Cl
  Cannock WS11 .... 7 E2
  Lichfield WS14 .... 21 D3
Wordsworth Rd WS7 .... 19 D4
Worthington Rd WS13 .... 13 E3
Wrekin View WS12 .... 7 E4
Wright's Ave WS11 .... 7 F3
Wulfric Cl ST19 .... 6 A4
Wyrley Brook Pk WS11 .... 16 B3
Wyrley Cl Brownhills WS8 ... 18 C2
  Lichfield WS14 .... 21 D3
WyrleyLa WS3 .... 17 F1
Wyvern Gr WS12 .... 8 A3

Yew Tree Ave WS14 .... 21 F4
Yew Tree Cl WS11 .... 18 A3
Yew Tree Rd WS15 .... 4 C3
York Cl WS13 .... 12 B2
York Rd WS11 .... 16 C4

Zion Cl WS6 .... 16 B2

Ordnance Survey / Philip's Street Atlases

Colour Street Atlases
Hardback, spiral and pocket

- Berkshire
- Buckinghamshire
- Cannock, Lichfield, Rugeley *(paperback)*
- Cheshire
- Derbyshire
- Derby and Belper *(paperback)*
- Durham
- North Hampshire
- South Hampshire
- Hertfordshire
- East Kent
- West Kent
- Lancashire
- Greater Manchester
- Merseyside
- Northwich, Winsford, Middlewich *(paperback)*
- Oxfordshire
- Peak District Towns *(paperback)*
- Staffordshire
- Stafford, Stone, Uttoxeter *(paperback)*
- Surrey
- East Sussex
- West Sussex
- Tyne and Wear
- Warrington, Widnes, Runcorn *(paperback)*
- South Yorkshire
- West Yorkshire

Black and White Street Atlases
Hardback, spiral and pocket

- Bristol and Avon
- Cardiff, Swansea and Glamorgan
- Edinburgh & East Central Scotland
- East Essex
- West Essex
- Glasgow & West Central Scotland
- Nottinghamshire
- Warwickshire *(hardback only)*

Street Atlases on CD-ROM

- Interactive Street Atlas Berkshire
- Interactive Street Atlas Hertfordshire

Ordnance Survey Road Atlases

- Ordnance Survey Motoring Atlas Britain
- Ordnance Survey Superscale Atlas

The publications are available from all good bookshops. You can also order direct from the publisher by phoning the Customer Order Line on 01933 443863 from 9am to 5pm. Leave a message on the answering machine outside office hours.

Digital Data

The exceptionally high-quality mapping found in this book is available as digital data in TIFF format, which is easily convertible to other bit-mapped (raster) image formats.

The index is also available in digital form as a standard database table. It contains all the details found in the printed index together with the National Grid reference for the map square in which each entry is named and feature codes for places of interest in eight categories such as education and health.

For further information and to discuss your requirements, please contact the Ordnance Survey Solutions Centre on 01703 792929.